Ag Tnúth leis an tSolas

1975–2000

Ag Tnúth leis an tSolas

1975–2000

Cathal Ó Searcaigh

Cló Iar-Chonnachta
Indreabhán
Conamara

An Chéad Chló 2000
An Dara Chló 2001

ISBN 1-902420-30-6

Saothair ealaíne an chlúdaigh   *Le Petit Liseur, 1894*
le Ozias Leduc as Musée des Beaux-Arts
du Canada, Ottawa © DACS 2000
An Eargail
le Ian Joyce

Dearadh Johan Hofsteenge

Bord na
Leabhar
Gaeilge

Tugann Bord na Leabhar Gaeilge
tacaíocht airgid do Chló Iar-Chonnachta

Faigheann Cló Iar-Chonnachta cabhair airgid ó

The Arts Council An Chomhairle Ealaíon

Clóchur: Cló Iar-Chonnachta, Indreabhán, Conamara
    Fón: 091-593307   **Facs:** 091-593362   **r-phost:** cic@iol.ie
Priontáil: Clódóirí Lurgan, Indreabhán, Conamara
    Fón: 091-593251/593157

Do

Prem Prasad Timalsina

an leabhar seo

Clár

Saothair eile le Cathal Ó Searcaigh

Filíocht   *Miontragóid Chathrach* (Cló Uí Chuirreáin 1975)
Tuirlingt (Clódhanna Teoranta 1978)
Súile Shuibhne (Coiscéim 1987)
An Bealach 'na Bhaile (Cló Iar-Chonnachta 1991)
Homecoming/An Bealach 'na Bhaile (Cló Iar-Chonnachta 1993, an cúigiú cló 2000)
Na Buachaillí Bána (Cló Iar-Chonnachta 1996)
Out in the Open (Cló Iar-Chonnachta 1997)
Eagarthóir ar *An Chéad Chló* (Cló Iar-Chonnachta 1997)

Drámaí   *Mairimid leis na Mistéirí* (neamhfhoilsithe)
Tá an Tóin ag Titim as an tSaol (neamhfhoilsithe)

Stair   *Tulach Beag Laoich: Inné agus Inniu/Tulach Begley: Past and Present* (Glór na nGael an Fháil Charraigh 1994)

Aistí critice

James Doan agus Frank Sewell (eagarthóirí), *On the Side of Light: Critical Essays on the Poetry of Cathal Ó Searcaigh* (Colin Smythe, 2000).

Frank Sewell, *Modern Irish Poetry: A New Alhambra* (Oxford University Press, 2000).

Cathal Ó Searcaigh, 'In a State of Flux' sa duanaire *Watching the River Flow: A Century in Irish Poetry* (Poetry Ireland, 2000).

Liz Curtis, 'Learning What I Meant By Home' in *Fortnight* 349.

Fred Johnson, 'Maybes and Whatevers', léirmheas ar *Out in the Open* in *Books Ireland* (Samhradh 1997).

Lillis Ó Laoire, 'Dearg Dobhogtha Cháin / The Indelible Mark of Cain: Sexual Dissidence in the Poetry of Cathal Ó Searcaigh' in Walshe, Éibhear (eag.), *Sex Nation and Dissent in Irish Writing* (Cork University Press, 1997).

Seán Lysaght, 'Wrestling with Angels', léirmheas ar *Out in the Open* in *Poetry Ireland Review* 55 (1997).

Victoria White, 'Gay Love As Gaeilge' in *The Irish Times* (1.8.1996).

Gréagóir Ó Dúill, 'Cathal Ó Searcaigh : A Negotiation with Place, Community and Tradition', in *Poetry Ireland Review* 48 (1996).

Art Hughes, 'Cathal Ó Searcaigh, file' in *Le Chemin du Retour: Pilleadh an Deoraí* (La Barbacane, 1996).

Michael Longley, 'A Going Back to Sources', léirmheas ar *An Bealach 'na Bhaile*, Cló Iar-Chonnachta, in *Poetry Ireland Review* 39 (1993).

Agallaimh le Cathal Ó Searcaigh

Neil McGrath, 'Solitary Mystic,' in *The Honest Ulsterman*, Geimhreamh 2000.

Marian Kelly, 'Ón Taobh Istigh,' in *Macalla*, 1996-7.

Ag Tabhairt Teanga don Tost

Sna seacht mbliana ó tháinig *An Bealach 'na Bhaile/Homecoming* amach, tá cáil Chathail Uí Shearcaigh mar fhile méadaithe go mór. Tá cuid de sin le leagan ar an leabhar sin féin, ar an ábhar gur cuireadh ar a súile do lucht an Bhéarla sa tír seo agus thar lear go raibh a leithéid ina measc, rud a bhí ceilte orthu roimhe sin, díobháil Gaeilge.

Sa chnuasach seo, a rogha féin dá shaothar liteartha ó 1975-2000, dearbhaíonn sé arís a chreideamh i dtiolacthaí na bé, agus a cuid bronntanas air. Seo an cnuasach is mó agus is toirtiúla uaidh go fóill, agus mar bheifí ag súil i mbailiúchán roghnach, seandánta ann atá ar eolas go maith againn, agus dánta úra fuinte go glan, snoite ina luí taobh leo, a bhaineas geit asainn agus a bheir orainn na seanchairde a athléamh faoina solas nua, ionas nach gceadaítear dúinn talamh slán a dhéanamh de na teachtaireachtaí a chuirtear os ár gcomhair. Ní ceadmhach dúinn 'dóigh a dhéanamh dár mbarúil' ina leith, ach sinn ag forbairt linn, go díreach mar atá an file féin.

Ráiteas tábhachtach a thagraíos dá shaothar go léir atá ag an fhile sa mhéid seo a leanas:

> Ba mhaith liom
> teangaidh a thabhairt don tost seo
> a thachtann mé;
> a phlúchann mé achan lá.

Sa leabhar *Rotha Mór an tSaoil*, saothar liteartha eile as ceantar Ghort an Choirce, tá eachtra amháin a théid i bhfeidhm orm chomh mór is a théid ceann ar bith d'eachtraí an leabhair. Tarlaíonn sé ag an *Rabble*, aonach an fhostóidh i Leitir Ceanainn, nuair atá an margadh déanta, agus nuair a bhíos Micí ag scaradh lena mháthair den chéad uair, in aois a sheacht mbliana. Tá an cur síos thar a bheith cumhachtach sa chuid áirithe seo den scéal, agus is é an rud is cumhachtaí fá dtaobh de, measaim, an *tost* a éiríos idir an páiste agus a mháthair. Níl aon fhocail acu don rud atá ag tarlú dóibh de thairbhe a ndroch-chúis eacnamaíochta. Sa deireadh, tosaíonn an mháthair ag cur comhairleacha ar Mhicí, leis an tost a chlúdach ar bhealach amháin, ach ar bhealach eile, lena mórghean air a léiriú dó, dá indírí féin é. Is leabhar é a bhfuil an tost atá ann chomh tábhachtach leis an téacs féin, an cur síos craicneach, gaisciúil, nach ngéilleann ar bhealach do na mothúcháin atá ag tiomáint an ghaisce sin. Eagla, fuacht, fealladóireacht, masla, sclábhaíocht agus ainnise a chuirtear os ár gcomhair, ach nach ndéantar aon tochailt dhomhain inmheánach isteach iontu. Ní bheifí ag súil lena leithéid, gan amhras, ó dhuine de ghlúin Mhicí, ach oiread agus a fhaightear é in *An tOileánach* le Tomás Ó Criomhthain. Ina saothar siúd is straitéis é an tost a bhíos chomh tábhachtach leis an insint féin.

Más binn béal ina thost, de réir an tseanfhocail, tá Ó Searcaigh glan ina aghaidh sin mar fhealsúnacht. An tost sin a thacht Mac Gabhann agus a mháthair an lá sin i Leitir Ceanainn in 1874, is í sin go díreach an mhóimint a dtig Ó Searcaigh i dtír uirthi, agus a ndéan sé a chuid féin di. Bhí go leor eile, dála Mhic Gabhann, a chuaigh fríd an anró agus an ampla chéanna in imeacht na gceithre bliana agus seachtó idir sin agus an t-aonach deireanach den chineál a bhí i Leitir Ceanainn. Is dual dósan mar fhile na mothúcháin a bhaineas d'eachtraí den chineál a thochailt as duibheagán an tosta, agus a chíoradh go mion ina chuid dánta. Mar a deir sé féin:

> Is tá na spliontair ag broidearnaigh
> i mo chliabhsa ó shin;
> Is i gcuisle na héigse, a stór,
> seo iad anois ag déanamh angaidh ...

Cé gur i gcomhthéacs dáin ghrá a deirtear na focail sin, fóireann siad chomh maith céanna dá shaothar trí chéile. Is é an t-angadh nó an scaoileadh a dhéantar air a chuireas ar a chumas an tost sin a leá agus na focail a chur ar an ní doráite, ainneoin nach i gcónaí a éiríos leis:

> tusa ar bhruach na síoraíochta
> agus gan bealach lena thrasnú
> ach ar chlochán sliopach na bhfocal
> ach na focla féin anocht
> táthar á mbriseadh i mo bhéal le tocht.

Tá Ó Searcaigh lánchinnte de gur as a dhúchas réigiúnach a thig neart a chuid dánta agus ceiliúrann sé saol na háite i roinnt mhaith dánta, go háirithe sna dánta faoi charachtair áitiúla atá ag dul in aois, nó atá imithe ar shlua na marbh cheana féin. Canann seisean a bhfeartlaoi ag déanamh aisíoc leo as an tsaibhreas a roinn siad air ina óige, agus nár thuig sé i gceart a bheith aige ar feadh i bhfad. Ní hiad na dánta molta sin amháin a fhógraíos an oidhreacht a d'fhág na daoine aonaránacha bochta sin air. Sa saothrú fuinte a ní an Searcach ar an teanga, tá an friotal cumasach, matánach céanna ar dual muintire dó í. Nochtann sé an friotal seo arís agus arís eile ina dhánta, teanga 'chomh gríosaitheach le craos de mhóin chipíneach.' Ní haithris sclábhúil ar a chanúint áitiúil í seo aige ach saibhreas logánta ina bhfeicimid an sean agus an nua taobh le taobh ag splancadh a chéile chun cumarsáide. Agus, d'ainneoin a liriciúla agus atá a lán dá chuid oibre, ní staonann sé ó na lomfhírinní crua cadránta a bhain le saol a cheantair chomh maith le haon áit eile, agus a bhfuil an oiread sin tráchta déanta orthu sna meáin le blianta anuas. In 'Gort na gCnámh' is dóigh liom go n-oibríonn an teanga ar leibhéal fíorchorraitheach ar mhéad agus a éiríos léi an t-uafás agus an míshuaimhneas a mhúscailt ionainn. Is minic a chuala mé Cathal ag léamh an dáin seo, agus bíonn siad ann i gcónaí nach dtaitníonn fórsa agus tiomáint dhosheachanta an dáin leo. Léigh sé é Oíche Fhéile Bríde amháin i nGort an Choirce os comhair scaifte de mhuintir na háite, rud a chuir corraí ar chuid acu. Ba suimiúil an rud é gur dhúirt cara eile liom a bhí i láthair ag an ócáid chéanna, go dtug an dán focail ar ais chun a cuimhne nár chuala sí le fada roimhe sin. Is ar leibhéal na teanga a rinne sí teagmháil leis agus chuaigh an léiriú cumhachtach ar an uafás i bhfeidhm go mór uirthi.

Dán uafáis é 'Gort na gCnámh', arís, a scaoileas snaidhm dhamanta an tosta agus a chuireas an saol ar mhullach a chinn. Tá éifeacht shóisialta leis an fhilíocht seo i dtólamh agus roghnaíonn Ó Searcaigh an seasamh conspóideach, imeallach seo i measc a phobail féin d'aon ghnoithe. 'Síceoilfhilíocht' a thug Aingeal de Búrca ar shaothar na mban caointe, agus í ag cur béime ar an éirim fhrithcheannasach, theiripiúil, dar léi atá ann. Is é an dála céanna ag an tSearcach é. Níl sé sásta glacadh leis an scáth beag focal a chuirtear ar an saol, ionas gur féidir le daoine leanstan orthu ag cur dallamullóg orthu féin faoina fhírinne chadránta. Tá maoithneachas curtha ina leith agus tá sé sin i gceist i roinnt dánta, gan leithscéal. Sna dánta 'Bean an tSléibhe', 'Caoradóir', 'Oícheanta Geimhridh' agus 'Cré na Cuimhne', mar shampla, shílfeadh duine, b'fhéidir, nach bhfuil i gceist ag an fhile ach dearbhú a dhéanamh ar na seansteiritípeanna meirgeacha rómánsacha céanna a bhí i gceist ag go leor i measc ghluaiseacht na hAthbheochana san am a chuaigh thart. Go dearfa, ainneoin na mbuillí atá buailte orthu mar íomhánna bréige, is doiligh a gcur de dhroim seoil, ar mhéad is a shealbhaíos cultúr comhaimseartha *Ireland Inc* iad ar mhaithe lena shaobhchuspóirí féin. Is fearann contúirteach é seo ag an fhile, mar sin, aghaidh a thabhairt ar an fhilíocht mholta, ar fheartlaoi an tsaoil sin a chanadh ina dhánta, ar mhéad agus is féidir míbhrí a bhaint as. Sa chuid is fearr de na dánta seo, agus is dóigh liom gur dánta iad a sheasfas, sábhálann neart na teanga féin na dánta ar an líomhain a chuirtear ina leith. Sa dán 'Caoradóir', mar shampla:

> Ina chrága cranracha, ina shiúl spadánta
> tá trí scór bliain de chruacht agus de chruatan
> de choraíocht bhuan le talamh tíoránta
> an tsléibhe ansiúd os cionn Loch Altáin
> Talamh gortach, gann a d'ól le blianta
> allas a dhíograise is a d'fhág é chomh spíonta
> chomh lomchnámhach le stumpán caoráin.

Tá an teanga díreach anseo, cinnte, gan mórán deacrachta leis, ach is i ngairbhe fhéitheogach charnach chóiriú na bhfocal sa sliocht thuas atá céadbhua an dáin. Bheir an Searcach amach go láidir bua na hurlabhra ar an dóigh sin, ar bhealach a oibríos ar chluas agus ar chorp sula gcastar an chiall ar chor ar bith air. Sampla ionadach é sin den ionramháil chumtha theanga is dual don tSearcach, an lá is fearr atá sé. Chomh maith leis sin, ní hé an moladh amháin atá aige ar an áit nó ar a daoine. Tchí sé go maith na claíocha teorann a chuirfeadh agus a chuireas smacht ar dhaoine, fiú sa lá inniu, agus bheir sé a ndúshlán arís agus arís eile, in 'Gort na gCnámh', atá luaite agam, in 'Bó Bhradach', agus in 'Scrúdú Coinsiasa roimh Dhul chun Suain', ina ndéantar faoisdin faoina ghéilleadh féin do pheaca an tosta. Go dearfa, is féidir an dán deireanach seo a léamh mar aor nimhneach ar idéal shaol pastarálach na tuaithe, sa chás go gcuireann tiománaí an innill bhainte é féin i gcomparáid le hionsaitheoir de chuid na hAirgintíne. Ar leibhéal amháin is tagairt é sin do Chogadh Oileáin Fhalclainne/Malvinas sna hochtóidí idir an Bhreatain agus an Airgintín, nuair a bhí Margaret Thatcher faoi réim agus saoirse gan srian á ligean aici lena ciníochas féin. Tá tagairt ann chomh maith, b'fhéidir, d'fhoireann sacair na hAirgintíne a bhuaigh Corn an Domhain i 1978, agus, dar ndóigh, dála ráitis cheannasacha uile a bhfuil aon chuma orthu, i mBéarla, i dteanga an cheannais a dhéantar é. Nuair a smaoinítear gurb é an 'námhaid Bhreatanach', sin nó an liathróid sacair, an meafar a shamhlaítear leis an traona bhocht anbhfann, léirítear géire agus caolchúis na haoire céanna, faobhar a ghearras chóir i ngan fhios. Ionsaíonn an dán foilmhe agus míthrócaire mhór-reitricí an Náisiúnachais agus an Impiriúlachais, agus léiríonn dearcadh 'glas' nó 'uaine' i leith na cruinne, gluaiseacht a bhfuil borradh mór ag teacht air in Éirinn ó shin.

Ach má tá gné ghlas ag baint le filíocht an tSearcaigh, is cinnte gurb í an ghné 'phinc' is mó a tharraing aird an phobail agus na meán, go háirithe, ó tháinig sé amach go han-phoiblí as an lios, mar a bheir sé féin air. Níor cheart dealú a dhéanamh idir é sin agus leá an tosta atá luaite agam leis an chuid eile dá shaothar. Na claíocha teorann agus críche céanna a riaras an pobal, is iad a bhrús an grá dorcha faoi thalamh. Faoi láthair is ar éigean atá feidhm ag an ghrá seo ar a bheith á fhógairt féin go hard, ar mhéad is atá le feiceáil de ar na meáin fhíse, fhuaime agus chlóite. Ina dhiaidh sin, spreagann sé conspóid i gcónaí. Tugadh 'grúdarlach' ar an radharc i *Ros na Rún* a thaispeáin beirt fhear ag suirí le chéile, agus cuireadh péidifilia i leith Uí Shearcaigh féin, de thairbhe an phictiúir chlúdaigh a cuireadh ar a chnuasach *Na Buachaillí Bána*. Tá an tuairim ann, mar atá ráite ag an tSearcach féin, go dtiteann fir agus mná i ngrá le chéile agus nach mbíonn idir homaighnéasaigh ach gníomhartha dromaíochta gnéis. Bheir Ó Searcaigh dúshlán na gclaonmhiotas sin (más ceadmhach an téarma a úsáid) ina dhánta grá, atá, is dóigh liom, ar chuid de na cinn is láidre ina shaothar. Luaim go háirithe anseo 'Searmanas', 'Ceann Dubh Dílis', 'Laoi Cumainn' agus 'Ag Faire do Shuain', dánta a bhfuil saibhreas agus críochnúlacht ar leith iontu, dar liomsa, agus a n-aithneoidh aon léitheoir tuisceanach na tréithe céanna iontu. Is i ndánta dá chineál a léiríos sé gur file mór grá é seachas file mór homaighnéasach.

Dar ndóigh, tá taiscí eile aige dúinn fosta i ngort na mianta collaí. Anseo tá an chéad leagan clóite d'*Oíche Ghealaí i nGailílí*. Is dráma trialach é, dar liom, an chaint fiorstílithe agus an struchtúr fiorshimplí. Ach an oiread le go leor drámaí eile Gaeilge, ní bhfuair an dráma seo léiriú a dhiongbhála go fóill, le cliar aibí a thuigfeadh agus a bhéarfadh neart na cainte ann chun tosaigh agus le léiritheoir a tchífeadh go soiléir na dúshláin agus na seansanna stáitsithe a bhaineas leis. Beimid ag fanacht leis agus ag súil leis.

Le seal de bhlianta anois, bheir an file cuairt rialta ar shléibhte Neipeal, áit atá ina cheann scríbe ag go leor de mhuintir Iarthair Domhain, ag leanúint lorg *Hippies* na seascaidí, ar thóir na spioradáltachta atá tréigthe le fada ag an fhís Eora-Mheiriceánach, dar leo. Is breá liom féin cuid den saothar atá spreagtha aige seo ó pheann fhear Mhín an Leá, go háirithe an dán Kathmandu. Is sraith imprisean é a bhfuil brú agus fórsa faoi leith inti. Mothaíonn an léitheoir go bhfuil sé/sí i láthair san áit iontach, aisteach seo agus iad ag iarraidh smacht éigin a fháil air. Tá roinnt de a mheabhródh 'Dán Aimhirgin' do dhuine, ortha sealbhaithe leis an áit a cheansú agus a chur i dtuiscint dá dhearcadh dá dhúchas féin.

Ní hé is mian liom a bheith ag déanamh gaisce folamh as a shaothar nó a rá gur mórdhán é gach rann a scríobhas an Searcach. Tá go leor dánta nach n-oibreoidh do léitheoirí éagsúla ar chúis amháin nó ar chúis eile. Is é an rud is tábhachtaí don fhile, dar liom, an gníomh, an iarracht, dúshlán an fholúis agus an duibheagáin, ionas go mbeidh 'gach gort ina dhán'. Go leana sé de!

Lillis Ó Laoire, Samhain 2000

Miontragóid Chathrach 1975

Cinniúint

Síneann solas na maidine
go soineanta sámh
fríd bhearnaí sna cuirtíní
agus mé i mo luí i dtámh
maidin bhuí samhraidh
anseo i Mín an Leá.
Síneann sé isteach, lámh
páiste ag méaradradh
i measc na leabhar, ag muirniú
na mbláth, ag súgradh
leis an dusta, ag déanamh
bánaí bánaí le mo scáth
sa scáthán, ag cigilt
mo shúl, ag líocadh
is ag slíocadh m'fhoilt.

Corann solas na maidine
isteach chugam, chomh muirneach,
muiníneach; chomh rógánta,
ráscánta; chomh lán d'ámhaillí
na hamaidí; chomh beo
leis an pháiste, an ghin
shaolta nach dual domh
a ghiniúint go deo . . .

1972

Teach

Tá an ghaoth ag spraoi
sna dreasóga
ar leac na tairsí
is na neantóga
i réim go tréan
anseo cois teallaigh.

Anseo bíodh teach
anseo bíodh tobar
anseo bíodh teaghlach
go dian ag obair.

Anseo bíodh guí
anseo bhíodh gáire
anseo bhíodh aoibh
ar bhuachaillí báire.

Anseo bhíodh pósadh
anseo bhíodh pórú
anseo bhíodh saothrú
le talamh a shíolú.

Tá an teach tréigthe
an tobar triomaithe
an teaghlach scaipthe
sna ceithre críocha.

Tá an ghaoth ag spraoi
sna dreasóga
ar leac na tairsí
is na neantóga
i réim go tréan
anseo cois teallaigh.

Páirc Mhéabha

Ní cuimhneach le mo dhaoinese inniu
cliabhán nó cill na mná
a mheall le hacmhainn a cnámh
caorán tur gan dáimh;
a chuibhrigh é i gcuibhreann
anseo os cionn Loch an Ghainimh;
a thug chun cineáil é agus chun toraidh
ionas gur phléasc sé i mbláth
le coirce agus le préataí
nuair a mhuirnigh sí an domasach ann
le lámh mhiangasach an ghrá.

'Na cónaí anseo ar an uaigneas, ina haonarán
ba é an cuibhreann a cumann is a leannán.
Air do dháil sí a dúthracht gach lá,
cíoch agus cuas a banúlachta, a grá,
Ach anois tá dúchas fiáin an chaoráin
i dtreis san áit a cheansaigh Méabha;
fraoch agus feagacha ag fás i bhféitheacha
a cuibhrinn, á gharbhú agus á dhéanamh giobach,
ionas gur doiligh é a aithne níos mó
agus cosúlacht an phortaigh ar a chló
anseo ar learg lom na Malacha.

I mo sheasamh anseo i léas deiridh an lae
ag carnán cloch a tí, tráthnóna geimhridh
i naoi déag seachtó trí, ag mothú na gcloch seo
a shaoirsigh sí, ag spíonadh na domasaí seo
a mhíntírigh sí, ag léamh an laoi cumainn seo
a d'fhág sí ina diaidh i scríbhinn an chuibhrinn,
mothaím, ní nach ionadh, go bhfuil sí fós beo anseo,
go bhfuil a spiorad faoi chónaí i gcloch is i gcré
is go bhfuil sí mo spreagadh anois, bé na céille,
is mé ag saothrú an dáin seo as caorán na cruthaíochta
mar a shaothraigh sise an cuibhreann as caorán an tsléibhe.

Rannpháirtíocht

Tá muid rannpháirteach i gcinniúint a chéile:
Tarraing buille feille anseo sa bhaile
agus láithreach i dTeheran na hIaráine
ligfidh duine éigin scread péine.

Má dhiúltaítear do fhear déirce
go fuarchroíoch i nGort an Choirce
Cneadóidh goin ocrais a mhacasamhail
ar shráideacha sceirdiúla Chalcutta.

Ach má dhéantar gáire croíúil i gCaiseal na gCorr
tiocfaidh aoibh áthais ar lucht na gcomharsan
Ó Chúl an Chnoic go hAfghanistan.

Sráideacha

Idir sráideacha cúnga
Shean-Bhaile Átha Cliath
a chuaigh mise, a rún,
ó dhubh go liath;
Idir sráideacha cúnga
agus treibh gan teanga
a chaill mé mo mhisneach
ag múineadh ranga.

Idir sráideacha cúnga
a shiúlaim gach oíche
ag cuartú an chairdis
nach bhfaighidh mé choíche;
Idir sráideacha cúnga
a mhothaím na bliúnna
ag siúl ar an uaigneas
síos na seanchéanna.

Idir sráideacha cúnga
a théim as mo mheabhair
ach is cuma leo, is cuma leo
cha dtugann siad cabhair;
Idir sráideacha cúnga
a tuigeadh domh féin
gurb é dán ár mbeatha
a bheith beo i bpéin.

Idir sráideacha cúnga
an leatrom is an léin
a chuaigh mé le drabhlás
is a fágadh mé liom féin;
Idir sráideacha cúnga
i bhfad ó mo dhúchas
a chaill mé mo lúth
is a gheobhaidh mé bás.

High Street, Kensington, 6 P.M.

Blaisim ar uairibh
i maistreadh sráide
babhla bláiche
i riocht dáin.

Cíoradh

Cé nach bpillfidh mé chun an bhaile go brách
ar dhúiche na gcnoc is na gcaorán
níl uair – i dtráth nó in antráth –
dá gcíoraim dlaoithe donnbhuí
nach gcuimhním go huile agus go hiomlán
ar shiorradh gaoithe ó Mhám an tSeantí
ag slíocadh fraoigh go síoraí in Altán.

Deoraíocht

. . . slogtha gan iomrá
i gcraos alpach na cathrach:
amharc air anseo
ag streachlánacht thart gan treo
sna sráideacha suaithní seo
sa ghleo gháifeach seo;
doirse an doichill,
á ndruid roimhe is ina dhiaidh:
glas-stócach an tsléibhe
ar strae i dtoitcheo na cathrach.
Is fada leis an bealach
ó inné go dtí amárach
is gan aige le seal
ach ón lámh go dtí an béal
is gan duine ná deoraí
a thógfadh cian dá chroí
sna slóite coimhthíocha seo.
É sa tsiúl go síoraí
ag cuartú an chairdis
nach bhfaighidh sé choíche
is ag teitheadh san oíche
go tearmann an tsuaimhnis
istigh i bhfásaigh sléibhe
a shamhlaíochta, agus ansiúd
san áit is uaigní ina chroí
ag cur snasa ar a sheanchuimhní;
ag déanamh dánta as a dheora deoraíochta.

Agus é sa tsiúl mar is gnách
cé acu i dtráth nó in antráth
tchíonn sé iad ag stánadh air
ó chúl-lánaí caocha agus ó leithris liatha;
súmairí airceacha na sráide,
a gcuid súl ag titim air

mar shúistí, is iad ag santú
lí is bláth a bhreáthachta
lena gcraos a shásamh;
ach deis a fháil, dhéanfadh siad an buachaill a shú as
ó chnámh go smior is
ó smior go smúsach
gan a n-aithne a ligean leis.

Bogann sé leis anois
go mall is go fadálach;
ciaróg bheag bhocht an anáis
i ngráscar beatha
le seangáin séirseacha an déanfais;
ag malartú físe
ar thláman baoise;
ag coraíocht in aghaidh an tsrutha;
ag fiodóireacht dánta
go tútach, go tochtach
ar sheansheol na Cumha.

Smaointiú

Tá gúna na gealaí
ina thriopaill órbhuí
ag sní in uisce na habhna.

I mo sheasamh i mbéal na gaoithe
tchím na busanna déanacha
ag iompar aonaráin uaigneacha
abhaile go deireadh na hoíche.

Ba chóir domh cuntas
a thabhairt, a ghrá,
ar a bhfeicim sa chathair,
ach tá mé ag smaointiú
ortsa, atá,
i bhfad as láthair.

Tá mé i ngrá leat
is ní thig liom é a sheachaint
ach oiread is a thig leis an ghealach
a gúna a choinneáil amach
as uisce salach na habhna . . .

Cathair

Smaoinigh mé airsean i mo shiúl aréir
  is an saol ag goillstean orm go cráite;
airsean nár chleachtaigh ariamh cathair
  ná dóigheanna damanta na sráide.

Chuala mé a dheisbhéalacht shoineanta
  a saoradh as teanga lucht feasa;
is bhí gach siolla ina ortha chosanta
  ar na béimeanna súl a ba mheasa.

Chonaic mé é go dochloíte ag leasú
  ithir bhocht dhomasach an tsléibhe;
is shantaigh mé an uaisleacht chaoin
  i gcoraíocht dhian a shaoil.

Ach tá mé gan an dúthracht chiúin
  a chloígh do sliabh is seascann dúr;
is tá mé mar chách ag séanadh gnáis
  faoi bhuarach báis na sráide.

If you're going to San Falcarragh be sure to wear your rosary beads in your hair

Ar na Croisbhealaí a casadh orm iad
lá aonaigh sna seascaidí;
soiscéalaithe na mbláthanna is an ghrá,
iad niamhrach i mbratógaí.
Ó dhuine go duine, rósanna leo i mbascáidí,
thimpeallaigh siad an margadh,
ag tairiscint do chách tabhartas cumhra
na mbláth – rósbhéile báidhiúlachta.

> *This rose that we share with you*
> *is the blood and body of love,*
> *do this among yourselves.*

D'fhéach muid orthu is bhí mana catha
ar ár n-aghaidheanna fógraithe.
'Ruagairí reatha,' a scairteadh ón gcúl
is i gcaint ard mheathlaochúil
dúirt glagaire beag gur crúb stail asail
a bhí de dhíth lena dheargéacht a chur i gcrích.
'Dia ár gcumhdach,' arsa diúlach meisciúil,
'tiompaígí na stainníní ina mullach.'

> *This rose that we share with you*
> *is the blood and body of love,*
> *do this among yourselves.*

Ní fhaca muid le samhail ná le súil, muidne
a thaithíonn go maíteach,
an tAifreann deasghnáth, dea-mhéin
Chríost in abhlann bhláth.
Ní fhaca muid ansiúd os comhair an phobail
ach 'diamhaslóirí an diabhail,'
is chúlaigh Críost roimh sciúirsí ár súl
siar isteach ina shoiscéal.

Miontragóid Chathrach

1.

Anseo ar ardán in Euston, i mo shuí go corrach ar mhála
    atá lán de mhianta m'óige;
tá traein ag tarraingt amach go tíoránta, ag stealladh
    beochréachtaí as mo dhóchas,
le buille boise toite, le fuip fhada deataigh;
    ach tugaim m'aghaidh ar an tsráid,
an ghrian ag gealadh i mo chroí, an samhradh ag borradh i mo chéadfaí.

2.

Tá beochán beag gaoithe ag tógáil sciortaí gorma
    an tsiolastraigh
agus mé i mo shuí ar bhinse i measc na mbláth
    i bFinchley
ag féachaint ar shaighdiúir óg atá ag féachaint
    ar na *poppies*;
é níos caoine ina dhreach, níos séimhe ina shiúl,
    níos mó le mo mhian
ná an chailleach dhearg lena thaobh a bhfuil sac salainn
    á dhéanamh aici le leanbh.
Piocann sé *poppy*, tiontaíonn a chúl liom go tobann,
    agus as go brách leis as mo shaol,
gan amharc orm, gan labhairt liom, gan spéis dá laghad
    a léiriú ionam.
Ó nach tútach an croí a théann i gcónaí isteach
    i ndol an cheana!
Ó nach truacánta an gean nár chinniúint dó fás
    is a theacht in éifeacht!
Tá lus an ghrá ag sileadh deora dearga éagmaise
    is tá na *lupins* ina gcolgsheasamh
sa choirnéal, á dtaispeáint féin go magúil do na *pansies*.
    Tá mise agus an chailleach dhearg

suite ar bhinse, an leanbh ina staic chodlata anois;
    saighead álainn Chúipid
ag díriú a bheara labhandair orainn ón bhláthcheapach.

3.

    Tháinig mé anseo ó chnoic agus ó chaoráin,
Ó pharóistí beaga beadaí an bhéalchrábhaidh, ó bhailte
    an bhéadáin, ó bhochtaineacht
agus beaginmhe mo mhuintire, ó nead caonaigh a gcineáltais,
    ó chlaí cosanta a socrachta.
Teastaíonn fuinneoga uaim! Teastaíonn eiteoga uaim!
    Tá mé dubhthuirseach de rútaí,
de bheith ag tochailt san aimsir chaite, de sheandaoine
    ag tiontú ithir thais na treibhe,
ag cuartú púiríní seanchais a thabharfas cothú anama daofa
    i ndúlaíocht ghortach an gheimhridh;
de dhombholadh na staire a chuireann samhnas orm;
    de bhlaoscanna cinn mo shinsear
ag stánadh orm go námhadach ó chrann ginealaigh mo theaghlaigh.
    Tá mé ró-óg do sheanchuimhní!

4.

Tá an tsráid anásta seo as anáil i marbhtheas an mheán lae
    agus í ag ardú na malacha
I nDollis Hill lena hualach de chúraimí an tsaoil;
    línte níocháin a clainne
ag sileadh allais i gclúideanna salacha a colainne;
    gearbóga gránna an bhuildeála
ag déanamh angaidh ina haghaidh liathbhán chráite;
    smug bhréan an bhruscair
ag sileadh ó ghaosáin gharbhdhéanta a cuid cosán.
    Siúlaim thairsti go tapaidh
agus léimim ar bhus atá ag gabháil go Cricklewood Broadway.

5.

Tá glórthaí Conallacha, guthanna Ciarraíocha ag bláthú anseo
  ar chrann géagach na gcanúintí,
agus i mbrothall na cathrach tá a mboladh tíriúil chomh fionnuar
  le gaoth cháite ón tsáile, le ceobháisteach ón tsliabh.
Tchím iad anseo, mo bhráithre, bunadh na gcnoc agus na gcladach;
  gnúiseanna eibhir, gimp na gcorra ina ngluaiseachtaí.
Iad chomh coimhthíoch sa tsuíomh seo le bairnigh na trá ag iarraidh
  a theacht i dtír i gcoincréit na sráide.
Tchím iad, aithním iad, sa Bhell agus sa Chrown, fir fhiáine mo chine
  a bhfuil tallann na dtreabh iontu go fóill
ach a chaitheann an lá ag cur troda ar thaibhsí tormasacha a n-aigne;
  nó deamhain óil a chuir deireadh lena ndóchas.
Níl mé ag iarraidh go ndéanfaí faobhar m'óige a mhaolú is a scrios
  le meirg an díomhaointis i seomra beag tais
an Uaignis, i gKilburn no i dTufnell Park, i Walthamstow nó i Holloway;
  i gCricklewood, i gCamden Town nó in Archway.
Ní mian liom mo shaol a chaitheamh anseo leis an Uasal Uaigneas
  gan éinne ag tabhairt cuairt ar mo chroí,
Ina lámh dheas tá duairceas agus díomá, ina lámh chlé tá scian fola
  agus Bás
  Teastaíonn uaim tábla na féile a leagan don Áthas!
Teastaíonn uaim laethanta na seachtaine a ghléasú in éide an aoibhnis.

6.

Caithim seal i siopaí leabhar Charing Cross Road
  ag *browse*áil i measc na m*Beats*;
Iadsan a bhfuil *voodoo* i *vibe*anna a gcuid véarsaí,
  a chuireann mise craiceáilte
sa chruth go bhfuil *buzz* ó gach beo agus go mbraithim
  i dtiúin leis an tsíoraíocht.
Agus mé ag *swinge*áil suas an Strand go Drury Lane
  tá gach ball díom ag ceiliúradh
ár ndiagachta saolta agus ár ndaonnachta diaga
  agus ag diúltú don tréad.

I gConvent Garden tá an ghrian ina gadaí sráide ag piocadh
    pócaí na gcoirnéal sa scáth;
agus tá na turasóirí cneadacha ag teitheadh i dtreo na dtábhairní,
    ag dul i bhfolach i dtithe bídh.
Téim faoi dhíon i gcaife Meiriceánach. Tugann an freastalaí mná
    súil thaitneamhach domh
agus go tobann tig eiteoga ar mo dhóchas, fuinneoga ar mo dhúthracht.
    Tá Londain ag *rock*áil
in *amp* ard a gáire, i *swing* a cíche, i *hustle* a coise.

7.

I leithris i bPiccadilly labhrann buachaill liom,
    a shúile chomh ceansa
le dhá cholmán ag cuachaireacht sa chlapsholas.
    Neadaíonn siad i ngéaga mo gháire.
I ndiamhaireacht na coille craobhaí a nascann ár gcéadfaí le chéile
    téann sé le craobhacha.
Lena theangaidh déanann sé m'aghaidh a ní agus a lí
    i sobal cumhra a anála.
Fágann sé seoda a phóga ag glinniúint i mo shúile . . .
    ach le teacht na hoíche
a cheann faoina eiteoga, tréigeann sé mé . . .

8.

Is mór an méala é ach anseo i mBarkley Square
    agus na réaltóga ar an aer
cha chloistear an filiméala níos mó . . .
    ach tá mo thriúr féin liomsa
ag ceiliúr i mo phóca, ag tógáil cian domh san oíche –
    Ginsberg, Corso agus Ferlinghetti.
Agus má sháraíonn orm leabaidh na hoíche a aimsiú
    dhéanfaidh siadsan mo shamhlaíocht
a shoipriú i bpluid ghleoite na spéire, mo bhrionglóidí
    a shuaimhniú ar adhairt chinn na gealaí . . .

Londain 1973

Gréagach

Cuimhneoidh mé orthu i gcónaí, na céimeanna
giúisbhuí chun do sheomra;

Na céimeanna casta crochta úd
sa seanstaighre gíoscánach –

Nótaí ceoil ab ea iad, diamhair agus doiligh
i *score* dúshlánach na Seirce,

A thóg mise glanoscartha chun na Glóire
an oíche úd i gCricklewood,

Is a d'fhág sínte ar do leabaidh séise mé,
a dhia óg álainn na Gréige.

Blues na Bealtaine

Ar maidin Dé Domhnaigh
Dúisím as mo chodladh
Chomh cráite le seanmhadadh
A bheadh ite ag na dearnaidí.
Buideáil, *butts* agus boladh
Anseo is ansiúd fá mo leabaidh
Mar nach bhfuil tusa liom, a chroí,
I do luí anseo le mo thaobh.
Tá tú ar shiúl leis an *chreep*
A bhronn ort an *Ferrari.*

Ar maidin Dé Domhnaigh
Gheibhimis na páipéirí i gcónaí:
Tusa an *Times* is an *Tribune,*
Mise na cinn le *page three*;
Is léimis iad sa leabaidh,
Stravinsky againn ar an *hi-fi.*
Ach inniu, tá na páipéirí gan bhrí
Fiú amháin *page three*
Nuair nach bhfuil tusa ann, a chroí,
Le iad a léamh leat sna blaincéidí.

Ar maidin Dé Domhnaigh
I ndiaidh babhta beag suirí
Dhéanainnse an bricfeasta réidh;
Ispíní, *toast* agus tae
Is d'ithimis é sa leabaidh
Is muid ag pleanáil an lae;
Ach cén bhrí bheadh i mbricfeasta
Cén bhrí in ainm Dé
Is gan tusa anseo fosta
Le hé a ithe i mo chuideachta.

Ar maidin Dé Domhnaigh
Dúisím as mo chodladh;
'Dhia, tá an teach seo folamh!
Ach féach! os cionn na tineadh
Tá seacht bpéire *panties*
A dhearmadaigh tú, a chroí;
Bán agus gorm, dearg agus buí,
Seacht bpéire *panties*, a chroí,
Ag glioscarnaigh mar thuar ceatha
Domhnach dubh seo mo bheatha.

Rothaí Móra an tSaoil

An solas Samhnach seo atá ag fáil bháis
amuigh ansiúd i gcarn an aoiligh
tiocfaidh sé chun beatha aríst, chun fáis,
i mbláth bán na bpreátaí,
i lí ómra an choirce, i ndeirge na dtrátaí.

An buachaill seo i bpictiúr donnbhuí
ó thús an chéid, a aghaidh cráite
ag an ghrá crosta a d'iompair sé ina chroí.
An grá séanta sin a d'fhág é breoite
tig sé chun solais ionamsa ina ghrá gleoite.

Glas

Ó d'imigh tú, a chuisle,
dúnadh na doirse
as éadan a chéile.

Tá glas ar dhoras
an aoibhnis.
Ní shiúlaim isteach
i dteach an phléisiúir
níos mó.
Ní dhéanaim mo ghoradh
ar theallach
an áthais.
Ní chaithim seal
ag airneál, thart
ar thinidh an tsuaimhnis.
Ní thugtar cuireadh domh
thar thairseach
an tsonais.

Ní thig gaoth an ghrá
a thuilleadh
ina shiorradh
ag séideadh isteach faoi
dhoras na gcéadfaí.

Ó d'imigh tú i gcéin,
a chroí,
tá mé faoi ghlas síoraí
ionam féin.

Mín an Leá: Tráthnóna

Ag síneadh a gcinn i dtreo na spéire
      sléibhte dúshlánacha mo dhúiche,
nach dteagmhóidh choíche le ní na mistéire –
      ina gcroíthe istigh tá meon talmhaí.

Ag síneadh a gcinn i dtreo na mistéire
      m'aislingí maorga mascalacha;
nach sroichfidh choíche buaic na glóire –
      de dheasaibh chré a gcliabhracha.

An Bhealtaine: Oíche Fhéile Eoin

      idir an tsúil
    agus eitilt na gcuach
sreanga cónasctha an cheatha
   ar a spléachann siad
      chugam a gcumha.

Ard na gCloch Corr: Maidin

tar éis eadra
thosaigh crainn ag síothlú na gaoithe

de rúid reatha
anuas an tArd, phreab carraigeacha

ina gcait chraosacha

Searc

Chuir mé mo shúile i bhfolach
faoi smúid na hoíche;
Ní amharcfaidh mé ort níos mó.

Chuir mé mo chosa i dtalamh
ag bun na dtrí gcríoch;
Ní shiúlfaidh mé chugat níos mó.

Chuir mé mo theangaidh i dtost
i ndíthreabh an tsléibhe;
Ní labharfaidh mé leat níos mó.

Chuir mé mo lámha faoi cheangal
le slabhraí an uaignis;
Ní chuachfaidh mé tú níos mó.

Chuir mé mo chuimhne as úsáid
faoi ualach an dearmaid;
Ní chrothnóidh mé tú níos mó.

Anois cuirim mo chroí chugat
i mias seo na filíochta,
Ionas nach dtitfidh mé i ngrá leat . . . aríst.

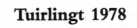

Tuirlingt 1978

Díle

Agus mé ag fánaíocht i bhfeachtaí na hoíche
mar Noah in Áirc a mhíshocrachta;
tig tusa, a éinín na cumha, le dea-scéala –
ológ chraobh chaoin na cinnteachta

Ó thalamh slán mo shoineantachta,
agus tú ag tuirlingt orm go sochmaidh,
is mar scríste i gcnámha traochta
a mhothaím tú agus mar chuimhní . . .

Cuimhní . . . ar ghíoscán carr beithígh
an tSeascainn Mhóir i ndiaidh báistí;
ar bhristeacha geimhridh ag seitrí
i gcoillidh giúise na Míne Buí.

Ar bhó bleachta sholas na maidine
ag líonadh bucaod liathbhán na spéire;
ar ghrian chruite an tráthnóna
ag innilt ar bharr Charn an Traona.

Ar sheilidí ag seinnt ann
Ar choirnéidí a gcuid sliogán;
ar riteacht téad fidle
in eitilt na ngéanna fiáine ann.

Agus mé ag fánaíocht i bhfeachtaí na hoíche
mar Noah in Áirc na hanachaine;
tig tusa, a choilm na cumha, le dea-chomhartha,
lológ chraobh chaoin na cuimhne . . .

Cor na Sióg

1.

Tráthnóna samhraidh. Súil theasaí na gréine
ar an tsráid, ag griogadh na gcéadfaí
i ngach ní ar a dtuirlingíonn sí, scóig buidéil,
cnaipe *blouse*, úll i bhfuinneog, murlán práis.
Agus mé ag siúl thart ag baint sú as suáilcí an tsómais,
tá sí ag caitheamh drithlí áthais ar an déagóir téagartha
atá ag imirt báil leis féin ar léana na himeartha.
Tá sí ag baint lasadh as fuinneoga faiteacha an tséipéil
i Willesden. Tá sí ag tabhairt a thapú aríst don tseanfhear bhreoite
seo atá á mo threorú suas Walm Lane i dtreo an *Tube*.
Agus i dtrangáil an tráthnóna, i mbrú daonna na sráide
tá sí ag gliúcaíocht leis na súilíní allais ar chlár m'éadain
ach fágaim i mo dhiaidh í agus mé ag gabháil síos sna duibheagáin ...

2.

Sa charráiste aithním buachaill as an bhaile.
I meangadh leathan a gháire tá fairsingeacht tíre.
Ó mhalacha arda a shúl tá amharc aeir agus aoibhnis.
Suím lena thaobh. Tá sé ag pilleadh óna chuid oibre i Queensbury –
ag *shutter*áil do *subbie* – fágann sé slán agam i bhFinchley Park
ach fanann boladh na móna óna chomhrá croíúil-cois-teallaigh
ag séimhiú mo smaointe agus sa spás tíriúil seo
a chruthaigh sé domh, tugaim taitneamh ó chroí do mo
chomhphaisinéirí
Na buachaillí a bhfuil a gcinniúint chodlatach
cuachta i bpáipéirí an tráthnóna; na fir thromchúiseacha
ag bábántacht le *briefcases* ag iarraidh a gcuid cáipéisí
corrthónacha a chur a chodladh; na mná atá ag léamh beathaisnéisí
saoil agus seirce a chéile i dtéacs líofa na ndreach.

3.

Tuirlingím den Tube i dTottenham Court Road
agus caithim seal ag spásáil thart i Soho
ón Chearnóg go Carnaby Street. Tá an áit seo uasal;
i bhfad Éireann níos uaisle ná mar atá Coillidh Phrochlais.
Anseo tá na sióga ag *cruise*áil sa chlapsholas.
Tá siad tagtha amach as liosanna na heagla, as rathanna an uaignis.
Tá siad ar a suaimhneas i saoirse shiamsach na sráide,
i measc na mianta agus na n-ainmhianta, na bhfaisean agus na bpaisean;
i measc banríonacha na m*boutique*anna, i measc hustléirí haisíse,
i measc hipstéirí an cheoil. Tá siad ag baint suilt as an tséideán sí
atá ag éirí ina gcéadfaí is a bhuaileas an tsráid ar ball
ina ghuairneán grá . . . ina chuaifeach ceana.

4.

I nGreek Street tugann diúlach gan dóigh cuireadh domh
a ghabháil leis '*to hoot and to honk, to jive alive, man!*'
I bhFrith Street taobh amuigh de Ronnie Scott's
agus mé ag léamh na bhfógraí, tig buachaill álainn
de shaorchlann an leasa chugam gan choinne;
dath na gaoithe agus na gréine ag snasú a chéile
i dtír shláintiúil a scéimhe. '*You like jazz?*' a deir sé go béasach,
agus i mbomaite tá ár n-aigne ag *jam*áil le chéile
i *riff* na haithne – Ella, Billie, Sarah, Aretha, Duke Ellington
agus Count Basie. Tá muid beirt ag tabhairt ómóis
don rítheaghlach céanna. Tugann sé cuireadh domh go dtí a sheomra
i St. John's Wood. Buddha os cionn a leapa, cipín túise
ár gcumhrú ó chófra, *jazz* ar an chaschlár.

5.

É slíoctha sciúrtha, a chneas chomh cumhra le clúimhín púdair;
a cheann catach déagóra ar mo bhrollach.

Tá muid beirt ar aon aois, ocht mbliana déag teacht an fhómhair.
Anois agus mé ag féachaint i ndoimhneas liathghlas a shúl
braithim go bhfuil saolta saolta curtha de aige;
go bhfuil sraitheanna feasa faoi cheilt i seandálaíocht a stuaime,
i gcré a chríonnachta. Tá muid in Aois an Dorchadais,
a deir sé liom, *Kali yuga* an Bhúdachais, an aois dheireanach.
Braithim chomh tútach i láthair a dhealraimh—é lasta le díograis,
ag míniú na gcoincheap Oirthearach domh; *Samadhi, Samsara, Dharma* –
le Maoise agus é ina staic amadáin os comhair an Toir Thine.
Tá mé ag baint lán na súl as a aghaidh thanaí álainn, as grian a chnis;
ag éisteacht le snagcheol a chroí agus é ag teannadh liom i dteas ceana.

6.

Anois tá *mantra* a anála ag oibriú ionam, á mo thabhairt thar na harda,
amach san aoibhneas, áit a bhfuil na réaltóga ag déanamh cor na sióg
do *Jazzman* na Gealaí.
Fágaim slán aige ar *Abbey Road* ach féachaim ina dhiaidh go tochtach
agus é ag imeacht uaim, ag gabháil as aithne cheana féin
i *Samsara* na sráide, i measc ciaróga agus cuileoga na hoíche . . .
In Aois seo an *Kali yuga* siúlaim 'n an bhaile sa tsolas
lán dorchadais . . .

Mar a b'Ainmhian Liom

Soraidh libhse, a Chéilí Dé:
ba sibhse mise seal inné . . .

Ach bhur malairt saoil
i mo dhánsa is cuí
is cé aerach guí
ar eiteoga ainglí
        na cráifeachta;
dual domhsa
a bheith abhcach,
        saolcháidheach . . .

Soraidh libhse, a Chéilí Dé,
ar mo chéadphóg ón bhé . . .

Seoinín Mhín an Lábáin
(*a friend in need is not a friend indeed*)

Ó nach méanar do Sheoinín
mo chara as Mín an Lábáin;
É oilte agus cruthaithe
mar chuntasóir cairte;
agus mura bhfuilimse meallta
bhí a stuaim os cionn ranna
nuair a chleamhnaigh sé le Hilda
banoighre an bhíocúnta.
Tá a chomharthaí lena chois.
Ní gá dó aon bhréagaithris;
cúpla capall rása, BMW agus Merc;
château i mBordeaux, teachín sa Tuirc.
Tchífeá é ag ócáidí san *Embassy*
agus ag *do's* do lucht *Rugby*;
swank i gcultacha faiseanta
agus i mbróga lámhdhéanta.
Ó nach teann ina shuí é, nach teann!
Seoinín Mhín an Lábáin.

Thug mé ruaig reatha air tráth
agus mé spásáilte mar ba ghnáth
le hinsint dó gurb é haisís
an bealach chun na bhflaitheas;
le hinsint dó faoi na híospairtí
a bhí mo fhiach mar bhrocairí;
faoin bhuachaill bán, mo pheata,
a d'imigh d'ainneoin na bhfeis leapa.
Ach níor fhóir sin do mo Sheoinín
is é ag cumhrú a oidhre faoin tóinín.
Arsa seisean, 'Níl ionat ach glaimín
is níl i do chuid cainte ach achasáin
in aghaidh gach ní atá coiscricthe,
beannaithe, dosháraithe,

Éist! Seo mo chomhairlese!
Faigh jab agus bean do leasa
agus bí i do shuí go teann, te agus teann,
dálta Sheoinín Mhín an Lábáin.'

Á tá Seoinín an-sásta lena bhonn.
Níl aon tallann do-thuartha ann.
Is breast leis mo chuid amaidí
ach lá ag feitheamh ar a mhithidí
d'imir mé ciapóga ar a ghrá
gur aimsíos úll a corróige, eochair na mná,
is d'fhoscail sí romham ar an *settee*
agus ba siúd mise ag ransú mar ghadaí
go dtáinig Seoinín orm go tobann
ach b'eol dó láithreach bonn
go raibh a stór collaíochta goidte.
De phlimp, mar urchar scaoilte
buaileadh faoi é. Och! an duine bocht!
Is rinneamar beirt an-osnaí ar a thocht.
I dteach na ngealt a labhair mé leis inné.
Chun a leasa a chuir muid ann é.
Is nár theann ina shuí é. Nár theann!
Seoinín Mhín an Lábáin.

Amhrán na Maidine
i gcead do Lorca

Tá gáir chaointe an ghiotáir
   ar obair.
   Olagón an áir!

Mar ghloiní fíona á mbriseadh
   tá an lá ag gealadh
   ina smidiríní solais.

Tá grágarsach na bpréachán
   i bhfostó i sceadamán
   chúng na maidine.

Mar fhear dall sa tsiúl
   tá ga gréine ag bacadradh
   thar learg an tsléibhe.

Tá gáir chaointe an ghiotáir
   ar obair.

   Ag caoineadh ár ngrá
nach dtáinig ariamh i mbláth
   ar chrainn an ghrá
Ó, a chraobh na n-úll ó
Ó, a chraobh na n-úll ó
Ó, a chraobh na n-úll ó
Is tú mo chaomhchruth go brách.

Ach oiread leis na blátha
   atá ag feo ar na bánta
ní thig é a shrianadh.

Ach oiread leis an ghealach
    atá ag sileadh fola
ní thig é a shrianadh.

Ach oiread leis an abhainn
    atá ag caint léithe féin
ní thig é a shrianadh.

Tá gáir chaointe an ghiotáir
    ar obair.

    Ag caoineadh ár ngrá
nach dtáinig ariamh i mbláth
    ar chrann an ghrá;
Ó, a chraobh na n-úll ó
Ó, a chraobh na n-úll ó
Ó, a chraobh na n-úll ó
Is tú mo chaomhchruth go brách.

Notturno

Caoineadh na gcrotach i bhfásach na hoíche,
tá siad mar chroíthe cráite.

Níl ann ach go gcoinníonn néalta cúl ar dheora.
Éalaíonn osna ón spéir.

Cneadaíonn an ghealach codladh na locha
lena cumraíocht dhofhaighte;

Díreach mar a chneadaíonn tusa gach oíche
duibheagáin dhubha m'aigne,

Le do scáthchruth glé dofhulaingthe
nach ruaigfear go réidh.

Anois tá muid deighilte ó chéile go brách
amhail línte comhthreomhara,

Is muid ag gabháil taobh le taobh, a shaobhghrá,
tostach gan teagmháil.

Ach anuraidh, anseo ag ceann Loch an Ghainimh,
oíche is an spéir ag spraoi,

Thrasnaigh muid ár gcoirp is ár gcinniúint faoi thrí
i sceitimíní an ghrá,

Is bhí ár leabaidh luachra lán de shabhaircíní
is de shamhailtí greannmhara;

Ach níl sna sabhaircíní anocht ach fiailí
seachas 'smugaí na sióg',

Is ní '*spagetti* na gcaorach' iad a thuilleadh
na tomóga beaga luachra.

Caoineadh na gcrotach i bhfásach na hoíche
Tá siad mar chroíthe cráite,

Is ón chrá d'fhág tú i mo chroíse, dubhaigh, a scáth!
isteach in uaigh na díchuimhne!

Amhrán na hOíche

Agus tú ag caint liom, a chroí,
 I dteangaidh na nDraoi',
Is tusa an ghaoth
ag cogarnaí sa tsiolastrach
 ar mhínte Fhána Bhuí.

Agus tú ag suirí liom, a chroí,
 le méara an earraigh,
Is tusa an bláth buí
ag aibiú ar an aiteanach
 ag Áit an tSeantí.

Agus tú mo fhágáil, a ghrá,
 ar lom bán na trá,
Is tusa an ré
ag tarraingt na farraige isteach
 I gcé mo chléibhe.

Scríbhinní

Clagarnach an chloig
    anuas ar mo leabaidh –
Piocóid atá ag smiotadh
    mo shaolsa go tapaidh.

Na scríbhinní breacbhuí
    tréigthe sa tarraiceán –
Iad chomh fada ón Fhírinne
    is atá páipéar ó chrann.

Tafann an tsionnaigh
    ón choillidh uaithne
An iairiglif is dual
    ar charn mo chuimhne.

Cumha na gCarad

i gcead do Yevgeny Yevtushenko

Tá sé seachantach
Seachantach agus doicheallach
Mo sheanchara a bhí chomh haigeanta
A bhí chomh saor ó chrá croí
Le scológ cheoil an smólaigh.
    Anois tá sé tostach
Tostach agus diúltach
Agus é ag conlú chuige féin go dúranta
Ag cúngú le méid a léin
Isteach i bpríosún dá dhéanamh féin.
Agus ó chuir sé a aigne faoi ghlas
An doichill, d'imigh sé as aithne
Óir cha scéitheann sé a smaointe
Le héinne, fiú go briste i dtocht chaointe
Agus braithim an buaireamh ag borradh
Ina chliabh, ag cruinniú agus ag creimeadh
Agus is eagla liom pléascadh
        Ach ní pléascadh a thig
        Ach osna
Agus is cosúil an osna
        Le siosarnach gaoithe
        I dtithe tréigthe Mhín na Craoibhe,
        Le glug glag an gheimhridh
        I bpoill bháite na Míne Buí.

Bhí mise go muiníneach tráth
Is mo chroí níor cheil mé ar chách
Ach rinne cailleach dímheasúil na cinniúna
Ceap magaidh de mo ghrá;
        Is anois tá mé seachantach
        Anois tá mé doicheallach
Is braithim in amanta i bpubanna
Plúchtacha, pléascadh ag corraí i mo chroí

Ach ní pléascadh a thig
   Ach osna
Agus is cosúil an osna
   Le siosarnach gaoithe
   I dtithe tréigthe Mhín na Craoibhe;
   Le glug glag an gheimhridh
   I bpoill bháite na Míne Buí.

A sheanchara sheachantaigh,
A sheanchara dhoicheallaigh,
Suímis síos mar ba ghnáth
Is líonaimis gloine dá chéile
Thart ar thinidh na féile
Is ligimis osna,
   An t-am seo le chéile.

Spréach

Nollaig, an lá deileoir –
caor dhearg an chuilinn
mo théadh sa chistin.

Caill

Imeacht gan pilleadh
atá i ngach tost de do chuidse, a ghrá,
agus i mbomaite fuarchúise
ligeann tú i ndearmad mé go brách.

Soinéad

Mura mothaíonn tú
beat buile an dáin
Le d'intleacht
ná cáin d'éirim cinn, a Sheáin:
Tá gach ní i gceart ach amháin
an modh scrúdaithe.

Ach le do mhéarasa, fiach
go díreach
mar a dhéanfadh dochtúir
frithbhualadh na bhfocal
is láithreach
ó luas taomach a gcuislí
mothóidh tú
tinneas croí mo dháin.

Amhrán an Mharcaigh
i gcead do Lorca

Cordóba!
Leis féin san imigéin!

Capall caol dubh, gealach bhuí na hoíche,
Agus diallait lán d'ológaí;
Cé go bhfuil fios feasa an bhealaigh
agam, ní shroichfidh mé Cordóba choíche.

Fríd an fhásach agus isteach sa ghaoth;
Capall caol dubh, gealach lánbhuí;
Ó thúr cinniúnach Chordóba
Tá an bás ag faire orm, a chroí.

Ó, nach fada an bealach é!
Ó, mo chapall caol cróga!
Ó, tá an bás ag fanacht liom
Ar an taobh seo de Chordóba!

Cordóba!
Leis féin san imigéin!

Ceacht

An colm ar a bheola:
comma ar ghnáth liom moilliú air tráth
agus mé ag foghlaim a phóga.

Ceacht an tSiúinéara

i gcead do Guillevic

Shonraigh mé an siúinéir
ag teacht le cláraí.

Shonraigh mé an siúinéir
á ngrinniú go beacht.

Shonraigh mé an siúinéir
á riaradh dá phlána.

Shonraigh mé an siúinéir
á snoí le slacht.

Bhí ceol ina chroí
agus é ag siúinéireacht,

Is tá m'umhail ar a shamhail
lena cumhracht chrannaigh

Nó saoirsímse focail
ach . . . díobháil ceirde

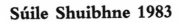

Súile Shuibhne 1983

Londain

Am stad. Amach leis an iomlán againn sciob sceab.
Pláigh chuileog as carn lofa d'oifigí gnó.
Níl éinne fial le dáimh ach í siúd thall – Báb
i mbreacsholas an chlóis chaoich. '*I'm Nano*
the Nympho,' arsa mana griogach a cíoch.
'Bí ar d'fhaichill uirthi,' a dúradh go fuarchúiseach.
'Tá fabht inti,' is brúim isteach i gceann de thithe
gabh-i-leith-chugam na bPizzas mar rogha ar an striapach.

Níl le feiceáil anseo ach feidhmeannaigh oifige.
Scaoth ag gach bord. Seabhrán os cionn na mbiachlár.
Samhnasach. Urlacaim, sconnóg ar mhuin sconnóige
lá domlasach na hoifige. Gach uile eiseamláir
mhífholláin a ndearnas díleá air le bheith i mo *bhoss*;
gach scig-gháire pislíneach faoi mé bheith *très*
distingué i mo chulaith úr cheant; gach seal ar an *doss*
le héalú ó cheirnín scríobtha a bhféinspéise – mé – mé – mé.

Damnú orthu. Ní dhéanfadsa bábántacht níos mó
ar theoiricí míofara as broinn tí chuntais. Go hifreann
le gach *clic – cleaic – ac* as clóscríobhán Miss Devereaux;
le gach *jolly good delineation, pop it up to Dodo or Boremann;*
le gach luas staighre, le gach clagairt chloig, le gach *ditto*;
leo siúd go léir a d'angaigh mo mhéinse le bliain. Amárach
pillfidh mé ar Ghleann an Átha, áit a nglanfar sileadh an anró
as m'aigne, áit a gcuirfear in iúl domh go carthanach

go gcneasaíonn goin ach nach bhfásann fionnadh ar an cholm.

Gladstone Park

Sa pháirc phoiblí seo is minicí mé ar an tSatharn
i bhfoisceacht leathmhíle den lóistín i Neasden.
Tigim anseo cé go mb'fholláine i bhfad otharlann.
Daoine trochailte is mó a bhíonn ann.

Tá na faichí ar dhath shúlach buí na gcaolán
is tá boladh bréan ag teacht as linn na lachan.
Ag streachlánacht thart a chaithim an lá
ag amharc ar dhaoine dubhacha na cathrach,

na seanphinsinéirí a bhíonn ina suí leo féin ar bhinsí,
a gcnámha ag scamhadh, iad goncach le slaghdán,
na bacaigh chromshlinneánacha ag rúscadh i gcannaí,
na druncairí ag drádántacht sna cabhsaí.

Is mothaím a mbuairt mar bheadh sconnóg chársánach fola
i bhfostú i mo sceadamán. A bheith anseo achan lá,
ag diomailt an ama, ag dúdaireacht, ag déanamh na gcos,
ag diúl fíona. A Dhia, a leithéid de phionós.

Ach cé go mbraithim m'óige ag meirgiú gach Satharn
faoi shúile goirte na n-éan scoite is na n-easlán,
níl aon dul as agam ach a theacht chun na háite
ach an oiread le steallaire ag teacht ina ghaisí.

Mar d'ainneoin na déistine, braithim bród i mo chroí;
mar bhuachaill ar fheiceáil a chéad ribí fionnaidh,
bród go bhfuilim anois in aois fir is gur tús fáis
mo dhaonnachta an bháidh seo le lucht an dóláis.

Portráid den Ghabha mar Ealaíontóir Óg

Tá mé dúthuirseach de Dhún Laoghaire,
de mo sheomra suí leapa in Ascaill an Chrosaire.
Áit chúng a chraplaíonn mo chuid oibre
mar ghabha focal
is a fhágann mé istoíche go dearóil
ag brú gaoil ar lucht óil
seachas a bheith ag casúireacht dánta do mo dhaoine
ar inneoin m'inchinne.
A Dhia na bhfeart, tá sé imithe thar fóir
an díomhaointeas damanta seo!
Á! Dá mbeinn arís i gCaiseal na gCorr
ní i mo chiotachán a bheinn, leathbheo.

Ní hé leoga! Ach i gceárta na teanga
bheinnse go breabhsánta
ag cleachtadh mo cheirde gach lá;
ar bhoilg m'aigne ag tathant bruíne
ag gríosú smaointe chun spréiche
ag casúracht go hard
caint mhiotalach mo dhaoine.

Sú Talún

'Tá sú an tsamhraidh
ag borradh i ngach beo,'
a dúirt sé go haiféalach
agus muid ag féachaint amach
trí fhuinneog an tseomra suí
ar theaghlaigh óga na sráide
ag súgradh ar an fhaiche.

'Ach ó d'imigh Bríd is na páistí
tarraingíodh mo chuid rútaí
glan amach as an talamh,'
is ní raibh ann ní ba mhó
ach cnámharlach folamh
ag críonadh is ag seargadh
ar charn fuílligh na beatha.

Thiontaigh sé chugam
lí an bháis ina dhreach
is ó chaileandar beag dialainne
a bhí caite ar bhord agam
stróic sé na leathnaigh, mí ar mhí,
á rá nach raibh i ndán dó feasta
ach dorchadas agus díomua.

Ar a imeacht uaim, seachas slán
a fhágáil agam, phioc sé cnapán
beag dearg as mias na dtorthaí
agus bhronn orm é go tostach –
sú talún a bhí ann, lán
de shúmhaireacht dhearg an tsamhraidh –
an oíche sin théacht a chroí.

Nuair a fheicim sú talún anois
ní meas méith a shamhlaím leis
ach uafás, uafás agus samhnas.
Cnapán créachta fola
a thaibhsíonn chugam, a Mhuiris,
bliain tar éis imeacht na himeachta –
croí téachta, croí téachta.

Aon Séasúr den Bhliain

Inár seomra suí leapa
seargann na plandaí tí
fiú i dtús an tsamhraidh.

Titeann duilleoga feoite
i measc deora taisligh
dusta agus proinn dhóite.

Ní ghlaonn an ghrian
isteach trí fhuinneog an dín
aon séasúr den bhliain.

Is anseo i saol seargtha
an bhrocsholais, tá sé ina Shamhain
ag plandaí is ag leannáin.

Cor Úr

Ciúnaíonn tú chugam as ceo na maidine
mús na raideoige ar d'fhallaing fraoigh,
do ghéaga ina srutháin gheala ag sní
thart orm go lúcháireach, géaga
a fháiltíonn romham le fuiseoga.

Féachann tú orm anois go glé
le lochanna móra maorga do shúl
Loch an Ghainimh ar dheis, Loch Altáin ar clé,
gach ceann acu soiléir, lán den spéir
agus snua an tsamhraidh ar a ngruanna.

Agus scaoileann tú uait le haer an tsléibhe
crios atá déanta as ceo bruithne na Bealtaine
scaoileann tú uait é, a rún mo chléibhe,
ionas go bhfeicim anois ina n-iomláine
críocha ionúine do cholainne

ó Log Dhroim na Gréine go hAlt na hUillinne
ón Mhalaidh Rua go Mín na hUchta,
thíos agus thuas, a chorp na háilleachta,
gach cuar agus cuas, gach ball gréine,
gach ball seirce a bhí imithe i ndíchuimhne

ó bhí mé go deireanach i do chuideachta.
Tchím iad arís, a chroí, na niamhrachtaí
a dhearmadaigh mé i ndíbliú na cathrach.
Ó, ná ceadaigh domh imeacht arís ar fán:
clutharaigh anseo mé idir chabhsaí geala do chos,
deonaigh cor úr a chur i mo dhán.

Níl Aon Ní

Níl aon ní, aon ní, a stór,
níos suaimhní ná clapsholas smólaigh
i gCaiseal na gCorr,

ná radharc níos aoibhne
ná buicéad stáin na spéire ag sileadh
solais ar Inis Bó Finne.

Is dá dtiocfá liom, a ghrá,
bheadh briathra ag bláthú ar ghas mo ghutha
mar shiolastrach Ghleann an Átha,

is chluinfeá geantraí sí
i gclingireacht na gcloigíní gorma
i gcoillidh Fhána Bhuí.

Ach b'fhearr leatsa i bhfad
brúchtbhaile balscóideach i mBaile Átha Cliath
lena ghleo tráchta gan stad,

seachas ciúinchónaí sléibhe
mar a gciúnaíonn an ceo le teacht na hoíche
anuas ó Mhín na Craoibhe.

Maidin i Mín an Leá

d'Ann Craig

Corraím as mo chodladh i dtoibinne
maidin chruaidh gheimhridh
is trí fhuinneoigín na seanchistine
tchím splanc dhearg an choiligh
ag bladhmadh isteach ar mo leabaidh
ag leá as mo shúile, braoinín
ar bhraoinín, biríní siocáin an tsuain
maidin i Mín an Leá.

Ó bhaitheas go bonn, bogaim le teocht
is altaím le méid mo bhuíochais
an glaochsholas a leánn domhsa ar a seacht
siocfhuacht an dorchadais:
óir, asat, a mheall chíríneach a thagann
i ndúlaíocht an gheimhridh
léas tosaigh an lae
maidin i Mín an Leá.

Ar leisciúlacht aigne is láimhe
fógraíonn tú críoch
le caor thine do theachtaireachta.
Sleamhnaím anois as mo tháimhe
ar nós maidhm shneachta
anuas malaidh chrochta na leapa
chuig gealadh an lae
maidin i Mín an Leá.

Súile Shuibhne

Tá mé ag tarraingt ar bharr na Bealtaine
go dúchroíoch i ndorchacht na hoíche
ag ardú malacha i m'aistear is i m'aigne
ag cur in aghaidh bristeacha borba gaoithe.

B'ise mo mhaoinín, b'ise mo Ghort an Choirce
mise a thug a cuid fiántais chun míntíreachais
ach tá a claonta dúchais ag teacht ar ais arís
anocht bhí súile buí i ngort na seirce.

Tchím Véineas ansiúd os cionn Dhún Lúiche
ag caochadh anuas lena súile striapaí
agus ar ucht na Mucaise siúd cíoch na gealaí
ag gobadh as gúna dubh na hoíche.

Idir dólás agus dóchas, dhá thine Bhealtaine,
caolaím d'aon rúid bhuile mar leathdhuine.
Tá soilse an ghleanna ag crith os mo choinne –
faoi mhalaí na gcnoc sin iad súile Shuibhne.

Fiacha an tSolais
do Liam Ó Cuinneagáin

I mbatálach ceann slinne a chaith sé a shaol
leath bealaigh i gcoinne Chnoc an tSéideáin;
druncaire, a raibh a dhreach is a dheilbh maol
agus lomchnámhach, macasamhail an screabáin
ina thimpeall, áit a bhfuarthas marbh é anuraidh
caite sa scrobarnach, lá polltach geimhridh:
a naoi mbliana fichead múchta ag ainíde dí,
is gan glór lena chaoineadh ach gocarsach cearc fraoigh.

Inniu, bhí fear an tsolais thuas ar bharr an tsimléara
ag scoitheadh sreang leictreacha. 'Tá'n bás,' ar seisean,
agus é ag meabhrú ar bhás anabaí an úinéara,
'dálta gearradh cumhachta. Ainneoin ár dtola a thig sé
de ghnáth. Ach an té a dhéanann faillí i bhfiacha an tsolais,
a thiarcais, nach é féin cúis a dhorchadais.'

Agallamh na Seanórach

Hiúdaí agus Padaí, pinsinéirí na Ceathrúna,
chuala mé iad Aoine amháin Samhna
taobh amuigh d'oifig phoist Ghort an Choirce
ag caint ar an chostas maireachtála
a bhí ina chúis broide acu achan lá
is a bhí ag dul i ndéine is i ndéine
mar an brú fola is an saothar anála.

'Tá'n tír seo ar maos i gcac, a Phadaí,'
arsa Hiúdaí, a shúil ar an pheata madaidh
a d'fhág práib chaca i lár an bhealaigh.
'Agus ar an *ghovernment* atá an locht.
Tá siad ag cac orainn, maidin agus tráthnóna,
scút de bhréaga agus de bhéal bocht
ag *deny*áil go bhfuil orthu féin poll tóna.'

'*Galoots!* Sin a bhfuil iontu,' arsa Padaí.
'Ach inniu tá traidhfil puntaí inár bpócaí
thig linn an saol a ghlacadh go réidh.
An cuimhneach leat am an *free beef*?'
Nocht grian dhalltach ina gcoinne
is chonaic mé a gcaipíní is a gcuimhní
á ligean anuas acu diaidh ar ndiaidh,

lena súile a chosaint ar sholas scéiniúil an lae.

Tearmann

do Heather Allen

Istigh anseo in ísleán an tsléibhe
tá sé níos suaimhní ná séipéal tuaithe.
Siúlaim, bearád i bpóca, go tostach
síos cairpéad caonaigh na pasáide,
síos idir na piúnna tortógacha,
is ag ardán na haltóra, seasaim bomaite,
is beochán beag gaoithe – an cléireach –
ag croitheadh túise fraoigh ar fud na háite.

Ach i séipéal seo an tsléibhe níl trácht
ar riail ná ar reacht is ní bhím cráite
ag cráifeacht bhorb na puilpide
ag bagairt léin ar lucht na hearráide.
Ní Dia na nDeor ná Dia na nDealg
Dia na Tíorántachta ná Dia na Trócaire
an Dia seo ar a bhfuil mé anois ag faire
ach Dia gur cuma leis mo chabhair nó mo chealg.

Anseo is lena bheatha seachas lena bhriathra
a chuireann cibé Dia atá ann é féin in iúl;
gan aird aige ar chomharthaí ómóis ach oiread le haltú.
Foinse gach fuinnimh. Cruthaitheoir na nDúl.
Is leor leis a bheith ag borradh, ag bláthú
is ag brú chun solais i ngach brobh nuafháis.
Tá sé ag aoibhniú chugam i niamh gach datha
ag beoú an aeir faram lena bheatha.

Le gach anáil dá dtarraingím,
análaím chugam é ar an aer íon
chomh friseáilte le harán, chomh fionnuar le fíon.

An Tobar

do Mháire Mhac an tSaoi

'Cuirfidh sé brí ionat agus beatha,'
arsa sean-Bhríd, faghairt ina súile
ag tabhairt babhla fíoruisce chugam
as an tobar is glaine i nGleann an Átha.
Tobar a coinníodh go slachtmhar
ó ghlúin go glúin, oidhreacht
luachmhar an teaghlaigh
cuachta istigh i gclúid foscaidh,
claí cosanta ina thimpeall
leac chumhdaigh ar a bhéal.

Agus mé ag teacht i méadaíocht
anseo i dtús na seascaidí
ní raibh teach sa chomharsanacht
gan a mhacasamhail de thobar,
óir cúis mhaíte ag achan duine
an t-am adaí a fholláine is a fhionnuaire
a choinníodh sé tobar a mhuintire:
ní ligfí sceo air ná smál
is dá mbeadh rian na ruamheirge
le feiceáil ann, le buicéad stáin
dhéanfaí é a thaoscadh ar an bhall
is gach ráithe lena choinneáil folláin
chumhraítí é le haol áithe.

Uisce beo bíogúil, fíoruisce glé
a d'fhoinsigh i dtobar ár dteaghlaigh.
I gcannaí agus i gcrúiscíní
thóg siad é lá i ndiaidh lae
agus nuair a bhíodh íota tarta orthu
i mbrothall an tsamhraidh
thugadh fliuchadh agus fuarú daofa
i bpáirceanna agus i bportaigh.

Deoch íce a bhí ann fosta
a chuir ag preabadaigh iad le haoibhneas
agus mar uisce ionnalta
d'fhreastail ar a gcás ó bhreith go bás.

Ach le fada tá uisce reatha
ag fiaradh chugainn isteach
ó chnoic i bhfad uainn
is i ngach cisteanach
ar dhá thaobh an ghleanna
scairdeann uisce as sconna
uisce lom gan loinnir
a bhfuil blas searbh súlaigh air
is i measc mo dhaoine
tá tobar an fhíoruisce ag dul i ndíchuimhne.

'Is doiligh tobar a aimsiú faoi láthair,'
arsa Bríd, ag líonadh an bhabhla athuair.
'Tá siad folaithe i bhfeagacha agus i bhféar,
tachtaithe ag caileannógach agus cuiscreach,
ach in ainneoin na neamhairde go léir
níor chaill siad a dhath den tseanmhianach.
Aimsigh do thobar féin, a chroí,
óir tá am an anáis romhainn amach:
Caithfear pilleadh arís ar na foinsí.'

Briathra agus Bráithre

'Is bráithre muid go léir,'
arsa an manach le m'athair
ach nuair a thrasnaíos
an cur i gcéill go groí
le 'macasamhail Cháin is Aibéil'
chreathnaíos. Bhí miodóga
fionaíolacha na súl
sáite ionam go croí.

An tAngelus

An spéir ar dhath ór Mhuire
tráthnóna earraigh i nDún Lúiche

agus sollúntacht i ngach cuibhreann
a bhfuiltear i mbun dualgais ann

nuair a bhuail aingeal ón tséipéal anall
slánaíodh an síol i ngach ball.

I gCeann mo Thrí Bliana a Bhí Mé
d'Anraí Mac Giolla Chomhaill

'Sin clábar! Clábar cáidheach,
a chuilcigh,' a dúirt m'athair go bagrach
agus mé ag slupairt go súgach
i ndíobhóg os cionn an bhóthair.
'Amach leat as do chuid clábair
sula ndéanfar tú a chonáil!'

Ach choinnigh mé ag spágáil agus ag splaiseáil
agus ag scairtigh le lúcháir:
'Clábar! Clábar! Seo mo chuid clábair!'
Cé nár chiallaigh an focal faic i mo mheabhair
go dtí gur mhothaigh mé i mo bhuataisí glugar
agus trí gach uile líbín de mo cheirteacha
creathanna fuachta na tuisceana.

A chlábar na cinniúna, bháigh tú mo chnámha.

Scrúdú Coinsiasa roimh Dul chun Suain

Faic na fríde de bhraodar
níor chuir d'anbhás, a thraonaigh,
ar thiománaí an innill bhainte.
Bhí aoibh go dtí na cluasa air
is an roth ag gabháil tharat.
'*Argentina attacking*,' ar seisean,
ag strácáil do choirp lena chosa
is i snapchasadh amháin
bhuail sé urchar de chic ort
isteach i mbearna sa chlaí.

Níor dhúirt mé 'sea' nó 'ní hea'.
'Is beag an díobháil a ghní béal druidte',
a hoileadh domh le blianta.
A Dhia! Is mé is suaraí amuigh. Féach
cáil mo mhacántachta
á caitheamh agam os comhair chách
dálta thodóg Havana
agus toisc faichill mo thóna féin
a bheith orm, tá riar a cháis
á choinneáil agam le gach caime.

Ó, a thraonaigh,
tá an tost ag cur do thuairisc' anocht
is i measc na ndoilíos
ar mhéanar domhsa a dhearmad
anois gan sonrú

cuimhním ort.

Na Píopaí Créafóige

Ní chasfaidh tusa thart do chloigeann
agus an bás ag rolladh chugat mar an t-aigéan.

Coinneoidh tú ag stánadh air go seasta
agus é ag scuabadh chugat isteach ina spraisteacha geala
ó fhíor na síoraíochta.
Coinneoidh tú do chiall
agus do chéadfaí agus é ag siollfarnaigh
thar chladaí d'inchinne
go dtí go mbeidh sé ar d'aithne
go huile agus go hiomlán
díreach mar a rinne tú agus tú i do thachrán
ar thránna Mhachaire Rabhartaigh
agus tonnta mara an Atlantaigh
ag sealbhú do cholainne.
Ach sula ndeachaigh do shaol ar neamhní
shroich tusa ciumhais an chladaigh.
Tarlóidh a mhacasamhail anseo.
Sroichfidh tú domhan na mbeo
tar éis dul i dtaithí an duibheagáin le d'aigne;
ach beidh séala an tsáile ort go deo,
beidh doimhneacht agat mar dhuine:
as baol an bháis tiocfaidh fírinne.

Ní thabharfainn de shamhail duit i mo dhán
ach iadsan i gcoillte Cholombia
ar léigh mé fá dtaobh daofa sa leabharlann:
dream a chaitheann píopaí daite créafóige, píopaí
nár úsáideadh riamh lena ndéanamh
ach scaobóga créafóige
a baineadh i mbaol beatha i ndúichí sean-namhad, gleann scáthach
timpeallaithe le gaistí, gardaí agus saigheada nimhe.
Dar leo siúd a deir an t-alt tuairisce
nach bhfuil píopaí ar bith iomlán,
seachas na cinn a bhfuil baol
ag baint le soláthar a gcuid créafóige.

Idir Mám an tSeantí agus Loch na mBreac Beadaí

Anseo, díreach anseo, a chroí,
i measc na dtortóg fraoigh, fág síos mé;
fág síos mé le turnamh an lae
agus cuirfidh tú sonrú sna seangáin
a bheas ag caolú leo go righin réidh
as mo shúile cinn
agus grian mhullach an Chairn
á dtreorú lena cuid gealán –
ach ná bíodh aon scanradh ort go deo
faoin taispeánadh aduain seo;
mo bheatha a bheas ann, a ghrá,
mo bheatha ag bogadh go buach
go cónaí éigin nua.

Ádh

Fraoch bán! fraoch bán
ag gealadh romham ag bun na mbeann
ardtráthnóna in Altán.
Tomóg áidh! D'fháisc mé é go teann
go bhfuair mé fios mo dháin:
farraige fraoigh in áit an chaoráin
ó Altán go barr an Dúnáin
agus ansiúd sa tsnámh bhí tomóg bhán –
tomóg bhán mar fhaoileán.

Trasnú

tráthnóna Dé hAoine
dhubhaigh an spéir
le comharthaí doininne

ar Chnoc na Bealtaine
thrasnaigh fuiseog
fiar na fearthainne

Aoine an Chéasta 1981

Marbhna

oíche dhuibhré
clúdaíodh cabhsa na cille
le Deora Dé

ina ndiaidh
cneá dhearg ba ea an cabhsa
go d'uaighse

Séasúir

Bailc shamhraidh sna cnoic –
i dtitim throm thréan na fearthainne
cloisim míle bó bhainne á mblí.

I mbáine an gheimhridh sna cnoic
bíonn na bunsoip trom le sioc –
as a gcuid siní sileann tost.

Scuaine

Ó Mhín na Craoibhe go Gort an Choirce
tá an gleann seo órnite
tar éis maidin de sciúradh gréine.

Ar ball, le gach aon séideog chráite
beidh scuaine de thaiscéalaithe saoire
chugainn ar lorg órghréine.

An Bás

(splanc i siopa na bpeataí)

I gcás na gcnámh
chonaic mé éan creiche inné
i gclúmh glébhuí
é ag piocadradh i mo chroí.

Agus an béile ite –
is nach fios cén uair go cinnte –
imeoidh sé ar eite
in airde i dtreo na gréine,

ach ina ghob i bhfoirm cleite
beidh m'anam leis chun na firmiminte.

Cinniúint

i gcead do Yehuda Amichai

Is é cinniúint Dé
anois le déanaí
cinniúint na gréine is na gealaí
na gcrann is na gcarraigeacha
is iadsan uile ar tréigeadh a n-adhradh go brách
nuair a tugadh an creideamh Dósan tráth.

Ach tá sé de dhícheall Air fanacht linn
ar nós na gcarraigeacha ar nós na gcrann
réaltaí ré agus rann.

Dia: Nótaí Anailíse

I dtráth agus in antráth
coinníonn sé súil ghéar ar ghairdín na n-úll.

Díbríonn sé a chlann ar shiúl
Ádhamh agus Éabha de bharr alpadh na n-úll.

Tá a chroí is cosúil
i bpióga úll. Tinneas an tsaoil nó saobhdhúil?

Tá sé doiligh a rá
mar nach gceadóidh sé scrúdú dochtúra

ná ceistiú go brách.

Transubstaintiú

Idir an smaoineamh agus an briathar
tá dúichí oighir agus ceo.

Ach beidh mise le mo bheo
ag cascairt an tseaca, ag scaipeadh an cheo

ag gríosú is ag grianadh
le gaetha tintrí mo chroí

ionas go dtiocfaidh tú fós i mbláth,
tusa nach bhfuil ionat ach scáil.

Taobh Thiar

Ní ardaíonn tú i do shuan
Aon tearmann ná daingean

Le linn na hoíche bím ag siúl
I do shaol laistiar de mheall na súl

Atá níos dúchasaí ina ghoirme
Ná sais na Maighdine Muire.

Ar an taobh cúil d'fhocail
Tá a mhacasamhail de shaol.

Aoibh

(1)

I spéartha gorma do shúl
ní thiocfaidh cúl ar an lá.

Ní imeoidh cuacha do ghutha
ó dheas uainn mar is gnách.

Ní chaillfidh fuinseoga do ghéag
a gcuid duilleog scáthach.

Ní rachaidh uain óga do gháire
thar aois na bpeataí go brách.

Óir i dTír na nÓg seo do chroí
tá sé ina shíorshamhradh, a ghrá.

(2)

D'ólfainn deoch de dhul faoi na gréine:
Bainim sloig as gloine íce do mhéine.

Shiúlfainn ar ghrinneall an dorchadais:
Gléasaim i gculaith tumtha do dhóchais.

Rachainn chun suain sna spéartha:
Leagaim mo cheann ar eiteoga do ghutha.

Dhéanfainn válsa a dhamhsa le Muire:
Luascaim léi i bpaidir do gháire.

Searmanas

Ar altóir na leapa
ceiliúraim do chorpsa anocht, a ghile,
le deasghnátha mo dhúile.
Gach géag ghrástúil, gach géag mhaighdeanúil
sléachtaim rompu go humhal
is le paidreacha na bpóg
altaím go díograiseach
gach féith is gach féitheog
is cór na gcéadfaí go caithréimeach
ag canadh iomann do do shuáilcí
do bhéal, do bholg, do bhrollach –
tríonóid thintrí an tsóláis.
Is de réir mar a théann
an searmanas i ndéine is i ndlúthpháirtíocht
tá mo bhaill bheatha ar crith
ag fanacht le míorúilt mhacnais
is tiocfaidh, tiocfaidh go fras
nuair a bhlaisfead diamhrachtaí do ghnéis –
cailís an mhiangais
tiocfaidh, áthas na n-áthas
ina shacraimint, ina thabhartas,
ina theangacha tine an eolais.
Tiocfaidh
réamhaisnéis na bhflaitheas.

Jericho

Shantaigh sé lena chuimhne
neamhspléachas an aonaráin,
duine nach mbeadh faoi ghéillsine
ag geallúintí an leannáin.

Ach bhí an grá ag síorbhagairt
is thóg sé mar chosaint thart
ar gharbhchríocha an aonarachais
ballaí dochta an tsearbhadais.

Is chosain sé go colgach
poblacht an phríobháideachais
is fágadh saor é agus uaibhreach
i stát sceirdiúil an uaignis.

Go dtí gur thimpeallaigh sise é
le diamhrachtaí a scéimhe
is nuair a shéid sí adharca a hacmhainní
bac ar bhac réab ballaí roimpi go réidh.

Dídean

'Tá stoirm air,' a deir tú. 'Stoirm mhillteanach.'
Míshocair, coinníonn tú ag siúl an urláir, síos
agus aníos go truacánta, do shúile impíoch.
Lasmuigh tá an oíche ag séideadh is ag siabadh
timpeall an tí, ag cleataráil ag na fuinneoga,
ag béicíl is ag bagairt trí pholl na heochrach.
'Dhéanfadh sé áit a bhearnú le theacht isteach,'
a deir tú, ag daingniú an dorais le cathaoir uilinne.
Tagann roisteacha fearthainne ag cnagadh
na fuinneoige. De sceit, sciorrann dallóg na cistine
in airde. Creathnaithe, preabann tú as do sheasamh
isteach i m'ucht, ag cuartú dídine.
Ag breith barróige ort, téann mo lámha i ngreim
i do chneas, ag teannadh is ag teannadh. Teas
le teas, scarann do bheola ag súil le póga
díreach is an stoirm ag teacht tríom ina séideoga.
Splancaim is buaileann caor thine do chneas.

Muirbhé

Cérbh as í murarb ón tsáile í? Caidé
eile a réiteodh
le feamainn rua na ndual, le glas na súl,
le suathadh síoraí
an bhrollaigh, le cáitheadh cúrach
na hanála adaí.

Is mar thiontódh trá i Machaire Rabhartaigh
chas sí uaim i dtobainne
is ina diaidh níl fágtha ach raic na gcuimhní
ar chladaí m'intinne;
carraig chreimthe an chroí agus och,
na deora goirte.

Nuair ba Ghnách liom Luí le mo Thuismitheoirí

Bhíodh mo thuismitheoirí ag iarraidh codladh
nuair a déarfainn leo i dtólamh
go raibh an leabaidh faoi dhraíocht
is go raibh sí ag imeacht de rúide reatha trasna na spéire;
is ar ócáidí den chineál seo
bhíodh réaltóg ag spréacharnaigh leo
fríd fhuinneog an tseomra leapa;
a gcara sa *chosmos*
a dtreoraí fríd an dorchadas.
'Joe,' a déarfainn leo–
mo dheartháirín a fuair bás
is a bhí ansiúd ar an uaigneas;
ach tharraingeodh siad an t-éadach amach thar a gceann
is thiontódh siad a ndroim liom
lena bpleidhce beag ainglí, lena bpáistín fionn . . .

dalta an tseandomhain spíonta seo
a chaitheas faoiseamh a fháil fosta ón tsolas róbheo.

Insomnia

Nuair a bhí spideog an tsuain
Ar tí neadú
I mo shúile

Chonaic sí na fabhraí
Is d'eitil ar shiúl,
Ar eagla go gceapfaí í.

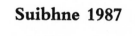

Suibhne 1987

Ma Bohème

Ag síobshiúl ó mhaidin ar an bhóthar go Londain
mothaím sú an tsamhraidh ag cuisliú i ngach ní.
Á! Féach! Faoi spreagadh steall gréine tá burdúin
á gceapadh ag cnaipí práis mo bhrístí.

Ar bhruach an bhealaigh mhóir is an tráthnóna
ina phléaráca ó rírá na tráchta;
i mo shuí ar mo phaca, m'ordóg ag preabadh go beoga
mar loinneog in amhrán mo shiúlta.

Is mo chaorshnó déagóra chomh glé le fógra
ach má thiomáineann siad tharam ní bhímse míshásta
óir i mo fhoighdse tá fairsinge Sahára.

Is nach aoibhinn mar chóiríonn giollaí gréine in ór mé.
Ó, táimse i m'ór-uige chomh mórluachach le Rí, cé
go bhfuilimse ar tí bheith i dtuilleamaí na déirce.

Uamhan

I ngach súilfhéachaint braithim
biordhearg díbheirge. Tá cuidiú uaim,
a chroí, chun iad a ghaibhniú ina ngáirí
i ndúlaíocht seo na bliana. Súilgháirí na croíúlachta.

B'amaideach domhsa, dar diagaí,
fanacht le haon taoisc gharach i bpubannaí
Phiccadilly, mar a bhfuil lucht na carthanachta,
lucht na cuideachta chomh tearc le tamhnacha sa tSahára.

Ar áras na póite, pillim sa dorchadas.
Ansiúd tá an t-aer trom le hallas agus le domlas,
Ansiúd tchífidh mé an solas ag snámhaíocht
thar bhláth feoite mar chnámhóg is éireoidh mé breoite . . .

Mar uaigh, fosclóidh buatais cheathrún le m'ais
Is ólfaidh mé buidéal *d'arsenic* an uaignis.

Maigdiléana

I dtrátha an ama a dtachtann sealán aibhléise
aoibh shoilseach na spéire
tchím uaim í de ghnáth, an ghirseach is deise
de mhná sráide na háite seo;
agus í ar a *beat* ag *cruise*áil go huaigneach
sa mharbhsholas chnámhach;
ag spléachadh go fáilí ar scáilí na gcros teilifíse,
ag cuartú a Calvaire go heaglach.

Amantaí eile tchím í le haithint an lae
agus í i gcaifitéire ag ól tae
sula bpilleann sí ar an Underground
abhaile ina haonar go Paddington.
Nuair nach labhraíonn éinne leat, a ghrá,
thíos ansiúd, dubh, bán nó riabhach,
bhéarfaidh na fógraí béal bán duit agus béadán
i dtumba folamh an Underground

nó b'fhéidir scéala ón Ghaililéach.

An tAonarán

Tchím iad mórthimpeall na cathrach
achrannach, callánach, fealltach –
muintir Mhontague is muintir Chapulet
ach, a Dhia, cá bhfuil Romeo agus Juliet?

Attic

Chan fhuil oiread agus pána amháin gloine
gan trácht ar fhuinneoigín dín, a chroí,
ar an pholl mhífholláin seo faoi na creataí
a ligfeadh do sholas ó na réaltóga
sileadh anuas ar ár leabaidh,
ach is cuma sa riach is an borradh úd
ag oibriú ionam. Bruth na cruthaitheachta.
Druidfidh mé mo shúile go docht
is i bhfairsingeacht éagruthach na samhlaíochta
mar a bhfuil mianach na hoíche is na mistéire
cruthóidh mé m'fhirmimint féin anocht
i bhfilíocht. Is beidh spréach agus scóipiúlacht na spéire
le feiceáil ansin agat ar do thoil
fríd fhuinneoigín dín gach focail.

Piccadilly: Teacht na hOíche

Tá mé ag fanacht ar dhuine inteacht
le teacht na hoíche.
Anseo i gceartlár Phiccadilly, thart
fá bhéal bagrach an fhostáisiúin
tá fuacht feanntach na gaoithe
ag cur greadfach ionam faoi sheacht.
Tá ochlán an ocrais i mo phutóga
is na néaróga luaile as tiúin
agus tusa
tusa a bhfuil do bhéal lán de phóga,
cá bhfuil tú agus an uair ann?
Dá rachainn ag cuartú cuidithe,
Dá dtitfinn ar mo dhá ghlúin
anseo díreach in áit na mbonn
an dtiocfadh coimhthíoch an chroí mhóir
chugam de choiscéim chiúin
ó na daoine dúrúnta seo
na daoine deifreacha déanfasacha seo
a chuireann cor bealaigh orthu féin
le mé a sheachaint go giorraisc
amhail is dá mba poll bréan
a bhí rompu ar an chosán?
Is smaointím anois
ar Joe Beag i bProchlais
a chomhairligh domh lá amháin
sular fhág mé m'áit dhúchais:
'Más lámh chuidithe atá uait, a stócaigh,
gheobhaidh tú an ceann is úsáidtí
sáite ar cheann do sciatháin.'
Ó, Dia go deo le tarrtháil na híoróine.
Ach ab é a leithéidí
cé a dhéanfadh mé a ghiúmaráil
ar uair seo na himní.
Tá mé ag fanacht ar dhuine inteacht

le teacht na hoíche,
ag éisteacht le rac 'n' ról na gcaogaidí
Buddy Holly agus Chuck Berry
ag *thump*áil ó bhoth bidh ar an tsráid.
Tá aoibh ainglí as Botticelli
anois ag gabháil thar bráid
is tá fáinleoga ar eiteog
i bflip-fleaip a cuid bróg,
ach mar an t-aon hairt i bpaca cártaí
suaitear í as amharc
i gcleas láimhe de chuid na cinniúna.
Tá cruiteachán ag buscáil
ar thaobh an fhoscaidh den choirnéal
i Regent Street Íochtarach;
a shacsafón snagach
mar pheata madaidh ag caoineadh
i m*bedsit* a tréigeadh.
Os ár gcionn, tá
flaitheas teicnidhaite na fógraíochta
is seacht dtíolacthaí an eolais
ag teacht anuas ina dteangacha solais
ó Spiorad Naomh na Siopadóireachta.
'*You wanta make it, dontcha?*'
arsa leadhb i ngúna gairid;
cling-cleaing scipéad airgid
ina canúint bhréag-Mheiriceánach.
I ré seo na mBréag
téann na striapacha tharam go sotalach
mar chathuithe Chríost san fhásach:
a ngrá leo ar bharra a ngéag;
is mothaím fuacht ar fud m'inchinne
díobháil nach bhfuil aon duine siosmaideach
le spréach a chur i m'intleacht;
Is meabhraím go hamaideach
arbh fhearr athrú aeráide,
slog de Phuins na Fírinne

nó Aspro beag inspioráide
le mo chothromaíocht a chur i gceart.
Tá mé ag fanacht ar dhuine inteacht
le teacht na hoíche,
ag éisteacht i mo shamhlaíocht
le glaoch na gcnoc is na gcaorán
ó Mhín na Leá is ó Mhín na Craoibhe
Ó Phrochlais is ón Dúnán.
Níl de chara ag cumhaidh ach cuimhne
ach mar ghrianghraf a fhliuchfaí
tá sin féin ag gabháil as aithne
i dtruacántas.
Ó, a Dhia na nGrás,
an bhfuil aon dul as
seachas lámh a chur i mo bhás
mar a rinne Celan agus Berryman
ach i mo chroí istigh
tá fhios agam go rí-mhaith
nach doras éalaithe ar bith an féinbhás
ach íomhá
de dhoras péinteáilte ar bhallaí na díomá
ach ina dhiaidh sin agus uile
is doiligh an duairceas seo a chloí,
mise
a bhí chomh haerach anuraidh
le ceo an Earraigh
ag déanamh Caidhp an Chúil Aird
ar bharr an Eargail
ach anois is cosúla
séideog de bhonnán árthaigh
leis an chneadán seo i mo scornaigh
is mé ag cur garr mo chroí amach
sáraithe
i dtoitcheo na cathrach.
Tá mé ag fanacht ar dhuine inteacht
le teacht na hoíche.

Ó, a Dhia na bhFeart,
tuigim anois agus choíche
cumhaidh agus crá croí an aonaráin
is mé imithe chun seachráin
ar an fhóidín mearaí seo i bPiccadilly
i measc daoine atá ar dhíth a ndúchais;
is ní haon ábhar iontais
a bheith ag meabhrú idir mionnaí móra
go mbeidh an chathair seo domhsa i gcónaí
amhail Gort an Chriadóra
a ceannaíodh le hairgead Iúdáis
mar áit adhlactha do choimhthígh.
Tá mé ag fanacht ar dhuine inteacht
le teacht na hoíche,
ag fanacht is ag fanacht
mar bheadh an guthán ag *ring*eáil
i mbosca folamh an choirnéil;
mar bheadh an damhán alla
cuachta i ngréasán ar an bhalla;
mar bheadh an madadh dúisithe
ansiúd ag síneadh a mhuineáil;

mar an file lena chuid focla.

Cuisle an Chaoráin

Ag siúl i ndiamhra an tsléibhe
thiar i dtreo na Beithí;
gan ceo ná beo ar a amharc ná ar a éisteacht
go dtí gur mhothaigh sé
i dtobainne, agus é ag trasnú
Abhainn Mhín an Mhadaidh, mar a bheadh rud inteacht
ag borradh i mbéal a chléibhe.

Bhí sé i bhfianaise na bé
ach ní i riochtaibh físe
ach mar a mhothaíonn madaidh áit uasal;
sin mar a mhothaigh sé
an bhé lena thaobh
is teanntaíodh a aghaidh faoi mar a ghearrfaí as criostal í,
cuireadh ciall ar saobh,

Is le gach spléachadh, bhí
an sliabh ag éirí suaithní.
Os ard bhí aoibh ghorm na spéire
ag drithliú le gáirí;
is earca luachra na báistí
ag sní a bhfionnuaire i dtriopaill a ghruaige
chomh saonta le páistí.

Bhí gach fuaim binnbhéalach,
bhí an ciúnas beo beitheach.
Mar bhogha ag port-thíriú fochaisí téad
d'éirigh as duibheagáin dhubha
a aigne, ceol lúth a ghutha,
a d'iompair ar shiúl é ar séad
go tír éigríochta na hÉigse.

Chrom sé agus phóg sé
plobar úscach an tsléibhe-

cíocha silteacha Bhríde, bandia na gcríoch, bé:
deoch a bhí lena mhian;
lán de mhilseacht aduain,
a mheiscigh is a mhearaigh é gur mhothaigh sé
an croí beag ina chliabh,

ag craobhú agus ag síneadh,
ag leathnú amach
go meanmnach míorúilteach; ag lonnú sa tsliabh
agus á thaobhú mar chliabh.
Anois nuair a labhrann sé amach
i bhfilíocht, labhrann, mar nár labhair ariamh,
go macnasach, mórchroíoch . . .

as croí an tsléibhe . . .

Triall

do Rachel Brown

Triallfaidh mé le mo chrá amárach ar thearmann
anonn thar fhraoch na farraige;
óir chan fhuil fáil i reilig bhrocach na n-árasán
ar a bhfuil curtha anseo de m'óige.

Ansiúd thall tá seanteallach foscailte an chineáltais
agus tinidh chroíúil na fáilte;
ansiúd tá teangaidh shólásach ina cógas leighis
le léim a chur arís i mo shláinte.

Ó, triallfaidh mé ar thearmann na coimirce anonn
agus dóchas ag bolgadh i mo sheolta;
áit a bhfaighidh mé goradh agus téarnamh ann
ó shráideacha atá chomh fuar le tuama.

Umhlaigh

Taosc as d'aigne anois
slodán seo an spadántais.
Ní tairbheach d'éinne a bheith ina chodlatán.
Géaraigh do shúile i gceart
is tchífidh tú thart ort
torcalltacht an tsléibhe a tíríodh
le riastaí seisrí.
Dúthracht seo an ghaiscígh
a dheonaigh do do shinsear fómhar i gcónaí.
Seo d'oidhreacht, a rún;
taisce órallais na nglún
i ngoirt chlaístóinsithe Mhín an Leá.
Ná séan an dúchas sinseartha.
Is páirt díot a ngníomhartha
faoi mar is cuid de mhaol-lann d'achainne
an fuinneamh faobhrach
a d'fhág iadsan géarchúiseach.
Umhlaigh do chrédhúil d'athara,
oibrigh go dúthrachtach
ithir seo d'oidhreachta.
Foilseoidh an fómhar do shaothar go hiomlán.
Beidh gach gort ina dhán.

Anseo ag Stáisiún Chaiseal na gCorr
do Michael Davitt

Anseo ag Stáisiún Chaiseal na gCorr
d'aimsigh mise m'oileán rúin
mo thearmann is mo shanctóir.
Anseo braithim i dtiúin
le mo chinniúint féin is le mo thimpeallacht.
Anseo braithim seasmhacht
is mé ag feiceáil chríocha mo chineáil
thart faoi bhun an Eargail
mar a bhfuil siad ina gcónaí go ciúin
le breis agus trí chéad bliain
ar mhínte féaraigh an tsléibhe
ó Mhín an Leá go Mín na Craoibhe.
Anseo, foscailte os mo chomhair
go díreach mar bheadh leabhar ann
tá an taobh tíre seo anois
ó Dhoire Chonaire go Prochlais.
Thíos agus thuas tchím na gabháltais
a briseadh as béal an fhiántais.
Seo duanaire mo mhuintire;
an lámhscríbhinn a shaothraigh siad go teann
le dúch a gcuid allais.
Anseo tá achan chuibhreann mar bheadh rann ann
i mórdhán an mhíntíreachais.
Léim anois eipic seo na díograise
i gcanúint ghlas na ngabháltas
is tuigim nach bhfuilim ach ag comhlíonadh dualgais
is mé ag tabhairt dhúshlán an fholúis
go díreach mar a thug mo dhaoine dúshlán an fhiántais
le dícheall agus le dúthracht
gur thuill siad an duais.

Anseo braithim go bhfuil éifeacht i bhfilíocht.
Braithim go bhfuil brí agus tábhacht liom mar dhuine

is mé ag feidhmiú mar chuisle de chroí mo chine
agus as an chinnteacht sin tig suaimhneas aigne.
Ceansaítear mo mhianta, séimhítear mo smaointe,
cealaítear contrárthachtaí ar an phointe.

Abhainn an Átha

Chonaic mé brúcht do bhreithe
inné os cionn Mhín na Craoibhe;
Inniu do bhás i nGort an Choirce,
   Ba bhrúchtadh d'uisce glé thú
i measc fhraoch an tsléibhe.
Ba bhinn é do ghuth!
   Anois i d'abhainn dhubh lábánach
a théid isteach i bhfarraige
go tostach is go fadálach;
   An ndéanann tú taibhreamh
mo dhálta féin, a chroí,
i dtaobh d'fhoinse bunaidh?

Uchtach

Ansiúd i gceartlár charn an aoiligh
atá an crann róis ag fás.
Tá an boladh bréan ar gach taobh dó
chomh maith leis an bhrocamas
a chartar amach le haoileach na bó;
rudaí raiceáilte atá imithe ó mhaitheas,
brat staighre stróicthe, forc aon bheangán,
seanscáthán craiceáilte, stól corrach;
Iad *clamp*áilte thart air go teann, slabhraí
a bhrúnn as a ghéaga an súlach
agus i gcónaí bíonn sciotar an eallaigh
splaiseáilte ar a chabhail;
agus bíonn glamanna gáifeacha gaoithe
ag glúrascnaigh fríd mar dhiabhail.

Ach ní chuireann an truailliú ná an tuairteáil
beaguchtach ar bith ar an róschrann.
Beag beann ar mhiodamas, beag beann ar dhíobháil,
ar neamhchead gach braighdeáin,
nochtann seisean do ghrian an tsamhraidh
cumhracht dhearg a chroí
agus bronnann sé mil go fial ar bheacha
i gcomhair an gheimhridh.

Macasamhail an chrainn seo, a Mhiley,
fáisceadh tusa as saol a bhí dian
agus is é do chinniúint riamh ó shin
bheith beo i mbroid agus i bpian,
ach in ainneoin gach mí-ádh agus smoladh,
aoibhníonn tusa sa tsamhradh
agus bíonn do bhriathra ina mblátha fáin
ag cumhrú an tí le bríomhaireacht.
Tigimse ag tóraíocht meala, lón anama,
a thaiscím i gcoirceog mo dháin.

Bean an tSléibhe

Bhí féith na feola inti ach fosta féith an ghrinn
agus in ainneoin go raibh sí mantach agus mórmhionnach
ní raibh sí riamh gruama nó grusach linn
nuair a bhíodh sinn thuas aici ar an Domhnach,
is dhéanadh sí splais tae dúinn os cionn na gríosaí,
is í ag cur spleoid air seo, is spréadh air siúd go teasaí.

Is ba mhinic í ag gearán fán *tseanbhugger* de *ghauger*
a ghearr siar í sa phinsean is a d'fhág í ar an bheagán
cionn is go raibh bó i mbéal beirthe aici sa bhóitheach
cúpla bearach ar féarach agus dornán caorach
agus í ag trácht ar an eachtra deireadh sí go feargach:
'Sa tír seo tugtar na *crusts* is cruaidhe don té atá mantach.'

Is chuidíodh muid léi i dtólamh ar an Domhnach
aoileach na seachtaine a chartadh as an bhóitheach,
is nuair a bhíodh muid ag déanamh faillí inár ngnaithe,
ag bobaireacht ar chúl a cinn is ag broimnigh,
deireadh sí, 'Á, cuirigí séip oraibh féin, a chailleacha,
ní leasóidh broim an talamh san earrach.'

''Bhfuil *jizz* ar bith ionaibh, a bhuachaillí?' a deireadh sí
nuair a bhíodh leisc orainn easaontú lena tuairimí.
'Óró, tá sibh chomh bómánta le huain óga an earraigh,
ach sin an rud atá na sagairt is na TDs a iarraidh,
is nuair a thiocfas sibhse i méadaíocht, a bhuachaillí,
ní bheidh moill ar bith orthu sibh a thiomáint mar chaoirigh.'

Chothaigh sí í féin ansiúd mar a dhéanfadh crann
ag feo is ag fás de réir an tséasúir a bhí ann.
'Ní ag aoisiú atá mé,' a deireadh sí, 'ach ag apú,'
is mar shíolta thitfeadh a briathra in úir mhéith m'aigne
is nuair a shnaidhmeadh sí a géaga thart orm go teann
mhothaínn an gheir – fáinní fáis a colainne.

'Níl crann sna flaithis níos airde ná crann na foighde,'
a deireadh sí agus í ag foighneamh go fulangach leis an bhás
a bhí ag lomadh agus ag creachadh a géaga gan spás.
Anois cuirim aifreann lena hanam ó am go ham i gcuimhne
ar an toradh a bhronn sí orm ó chrann na haithne
agus mar a déarfadh sí féin dá mbeadh sí ina beathaidh,

'Is fearr cogar sa chúirt ná scread ar an tsliabh, a thaiscidh.'

Caoradóir

do Ghréagóir Ó Dúill

Ina chrága cranracha, ina shiúl spadánta
tá trí scór bliain de chruacht agus de chruatan,
de choraíocht bhuan le talamh tíoránta
an tsléibhe, ansiúd os cionn Loch Altáin.
Talamh gortach gann a d'ól le blianta
allas a dhíograise is a d'fhág é chomh spíonta,
chomh lomchnámhach le stumpán caoráin.
Agus na mianta a bhláthaigh i bhfearann a chroí
shearg siad go tapaidh de dhíobháil solais
i bProchlais iargúlta i mbéal an uaignis
san áit nach dtig aoibh ar an spéir ach go hannamh
is nach ndéanann an ghrian ach corrdhraothadh.

Ansiúd faoi scáth arrachtach an tsléibhe
níor aoibhnigh bean é le fuiseoga a póg
is níor neadaigh suáilcí an ghrá
aon lá riamh i bhfiántas a chléibhe.
Tá siúl an tsléibhe ag a thréad beag caorach
ó Abhainn Mhín an Mhadaidh go barr na Beithí
ach tá sé teanntaithe é féin ó bhí sé ina stócach
ag na claíocha críche atá thart air go bagrach
ach amháin nuair a bhíonn braon beag imithe chun a chinn.
Ansin éalaíonn a smaointe as raon a intleachta
mar chaoirigh siúlacha in ocras an gheimhridh
ag cuartú féaraigh i ndiamhra an tsléibhe.

Ansiúd is minic creathnú an bháis ina chroí
nuair a tchí sé cnáfairt chnámh ina shlí
nó a chuid madadh ag coscairt conablaigh
sna cnoic adaí atá lán de chiúnas agus de chaoirigh.
Agus dálta gheir rósta na muiceola is na feola
a bheir tinneas bhéal an ghoile dó gach lá
luíonn an dorchadas go trom ar a aigne –

an dorchadas a ramhraíonn anuas ón Achla
le teacht na hoíche is a líonann é le heagla.

Ansiúd san oíche ina chisteanach lom leacach,
cruptha ina chathaoir os comhair na tineadh,
bíonn sé ag humáil is ag hútháil faoina anáil
leis an uaigneas a choinneáil ó dhoras, an t-uafás
a bhíonn ag drannadh leis as an dorchadas
is a shleamhnódh chuige isteach ach faill a fháil
le creach a dhéanamh ina chloigeann,
go díreach mar a ghní na luchógaí móra
crúbáil is creimseáil os a chionn ar an tsíleáil.

Fadó bhíodh a chroí ag bualadh le bród
nuair a bhíodh an Druma Mór ag teacht ar an fhód
go bríomhar buacach, Lá Fhéile Pádraig ar an Fhál Charrach.
Oícheantaí anois agus é ina luí ar a leabaidh
cluineann sé druma maolaithe a sheanchroí
ag gabháil in ísle brí agus ag éirí stadach . . .

Taispeánadh
i gcead do Vicente Aleixandre

Thug sé saol fada fuinneamhach leis
ach bhí an aois ina luí go trom air anois
is a choiscéim ag gabháil chun righnis.
Sheasadh sé ansiúd, a dhroim le stoc an tseanchrainn
ag ceann an bhealaigh, tráthnóntaí caomha samhraidh
is an ghrian ag gabháil síos fánaí Thaobh an Leithid.
Amanta agus mé ag gabháil thairis
tchínn anonn uaim é ó dhronn an droichid
roicneacha tiubha ina ghnúis
is na súile slogtha siar ina cheann;
seanfhear críonna críonaosta
a raibh a chuid fola ag fuarú,
a thaca leis an tseanchrann teann;
is tchínn an ghrian ag teasú chuige go ciúin
ag tuirlingt ina thuilidh solais ag a chosa;
an ghrian uilechumhachtach,
a leannán rúin as na spéartha;
tchínn í á mhuirniú is á bháthadh
á mhaisiú is á mhúchadh
á leá den tsaol
á chumascadh lena solasbheatha féin,
agus tchínn an seanduine ag imeacht
lena chuid roicneacha is le leatrom na haoise;
tchínn é ag imeacht as raon mo radhairc
cosúil le carraig á creimeadh i dtuilidh sléibhe;
á mionú is á meilt;
á géilleadh féin do thabhairt an tsrutha;
agus sa chiúnas adaí
tchínn an seanduine ag gabháil ar ceal,
ag géilleadh a nádúir is a dhílseachtaí
dá Dhianghrá.

Ach amanta agus mé ag gabháil thairis
cha raibh le feiceáil agam ach iarsma beag fann,
go díreach mar bheadh snáithín solais ann;
(taispeánadh a tugadh faoin chrann
dálta go leor rudaí eile a chuirtear i bhfís ar dhuine)
i ndiaidh don tseanduine gheanúil
téarnamh ar shiúl leis an ghrian;
i ndiaidh don tseanduine gan smál
imeacht ina ghile is ina ghlaine.

Oícheanta Geimhridh

Oícheanta geimhridh agus muid ag cuartaíocht
i dtigh Neddie Eoin i mbarr na Míne Buí
bhíodh seanchiteal súicheach ag portaíocht
ar an chrochadh os cionn na tineadh
ag coinneáil ceoil le seit na mbladhairí
a dhamhsaigh thart i dteallach na cisteanadh.

Bhíodh gaotha na gcnoc ag trupáil fán tairseach
amhail buachaillí bradacha nach ligfí isteach
agus muidne le mugaí móra galach le tae
'nár suí go sochmaidh os comhair an tseanchaí;
drithleoga dearga a bhriathra ina spréacha
ag lasadh na samhlaíochta ionainn go réidh.

Agus é ag drithliú ansiúd ina choirneál scéalaíochta
bhíodh muidne ag airneál fá chlúdaigh a aigne,
ag tabhairt rúscadh na gríosaí dá chuimhne
amanta le ceisteanna casta ár bhfiosrachta
agus é ag eachtraíocht fána shaol ar an Lagán
agus ar fheirmeacha East Lothian na hAlban.

Bhíodh a ghlór chomh teolaí le tinidh smután, lán
de shiosán agus de shrann agus é ag spalpadh
dáin de chuid Bhurns dúinn ó thús go deireadh –
'Tam O' Shanter' nó b'fhéidir 'Killyburn Braes'
agus chomh luath agus a chanadh sé 'Scots Wha Hae'
tchífeá bladhairí ag splancarnaigh as a shúile.

Bhíodh siollaí gaile ag éirí as a phíopa cré
agus é ag trácht ar mharcraí buile Ailigh
a mhúsclós maidin inteacht le deargadh an lae
le hÉirinn a chosaint i gCogadh an Dá Rí,
is bhíodh muidne ag marcaíocht ar sheanstól bhuí
ag tapú ina n-araicis i mBearna na Mucaise.

Is bhíodh muidne ag seilg bidh leis na Fianna
ó Oirthear Dhumhaigh go barr na Beithí,
is ag imirt cnaige le curaidh na hEamhna
ar na méilte féaraigh i Machaire Rabhartaigh;
is chonaic muid an slua sí oíche Shamhna
ag siamsaíocht ar bhealach Fhána Bhuí.

Ó ba mhéanar a bheith arís ag cuartaíocht
na hoícheanta geimhridh seo i dtigh Neddie Eoin,
mo ghoradh féin ar a dheismireacht bhéil
agus é ag baint lasadh asam lena mholadh;
gach focal ina aibhleog dhearg ag spréachadh
chugam go teolaí as tinidh chroíúil a scéil.

Tá sé corradh le fiche bliain anois
ó chuaigh a thinidh as, i mbarr na Míne Buí
ach istigh anseo i gcoigilt mo chuimhne
drithlíonn beo nó dhó den tinidh adaí
is leáfaidh na drithleoga sin an dubhacht
a mhothaím anocht i bhféitheoga an chroí.

Cré

Na crucairt mar mhanaigh
ag cantaireacht sa chlúdaigh
agus seanchiteal cráifeach
ag monabhracht faoina anáil
os cionn na gríosaí
agus Neddie, dea-mhéineach
agus diaganta ina chathaoir cois teallaigh –
Halo tobac fá dhealramh a dhreacha –
ag praeitseáil dúinne
cuairteoirí beaga an Domhnaigh
ceachtanna croíúla
as leabhar beo a bheatha
agus sna soiscéalta tíriúla
idir smailceanna smaointeacha dá phíopa
ag meabhrú dúinn go rógánta
cá bith fá rud ar bith
gan dóigh a dhéanamh dár mbarúil.

Agus muidne, na pleidhcí beaga ainglí
a dhealraigh le Dia
an seanmháistir gnaíúil adaí,
chan ábhar iontais anois, b'fhéidir,
agus mé in aois fir
go ndeirim rudaí nach bhfuil sa Phaidir.

Sneachta

D'éalaínn amach le teacht an lae
ar na maidineacha geala geimhridh adaí
is an sneachta ag titim mar chlúmh gé.

Bhíodh an tír chomh coimhthíoch le fásach;
na harda uilig ina ndumhcha is na bóithigh
cuachta go cruiteach, camaill chodlatacha.

Ba mhór an tógáil croí ar maidin go luath
an bhalbh-bháine adaí a bheith i mo thimpeall
is an saol á shamhlú agam ansiúd as an nua.

Tá an leathanach bán seo dálta thír an tsneachta
ag mealladh an pháiste atá istigh ionam amach
lena chuma féin a chur ar lom na cruthaitheachta.

Dia Aon Lae

Is cuimhneach liom an fathach sneachta
a ghealaigh chugainn ó Ardán Aindí
maidin gheimhridh i naoi déag seasca a trí
agus mé féin is na Gallchóraigh
ag déanamh cuideachta sa tsneachta.

Is cuimhneach liom an chuil cholgach
a bhí ar bhuidéal bhriste a bhéil agus é
ár ngrinniú leis an tsúil chré
a dhubhaigh as ceartlár a éadain
díreach os cionn chuthrán a ghaosáin.

Is cuimhneach liom an lá is an rírá
a bhí againne ag bocléimnigh is ag scairtigh
thart air go háthasach; adhraitheoirí
ag móradh is ag moladh na híomhá
a thaibhsigh as diamhracht na hoíche.

Is cuimhneach liom an scáth arrachtach
a chaith sé tharainn le héirí gealaí,
ár dtarraingt chuige isteach is mar d'éalaigh
muid abhaile, creathnaithe roimh an neach
a bhí ag iarraidh muid a fhuadach.

Is cuimhneach liom an scread choscrach
a tháinig asainn nuair nach raibh sé romhainn
an mhaidin ghéar ghréine dár gcionn
is mar a chuartaigh muid go mion
is go cruinn na coiscéimeanna bána a shleamhnaigh uainn.

Ó is cuimhneach liom ár gcaill go fóill
ag amharc oraibhse, a ógánacha an cheoil,
ag coinneáil cuideachta ansiúd thall
le bhur n-arrachta sneachta, bhur bhfeart aon lae
a imeos le teacht na gréine ar ball

gan oiread is lorg coise a fhágáil ina dhiaidh.

Ciúnas

Na portaigh seo i mo thimpeall, thuaidh agus theas
ón tSeascann Mhór amach go hAltán,
bíodh an tionchar céanna acu ar mo dhán
agus atá acu ar an bháchrán –
tugadh siad chun cineáil é le ciúnas.

Fothrach Tí i Mín na Craoibhe

do Noel Ó Gallchóir

Tá creatlach an tseantí
ag baint ceoil as an ghaoth;
gan doras gan fuinneog gan sclátaí dín
gach foscailt ina feadóg fhiáin
ag gabháil fhoinn.

Ó bhinn go binn
tá an teach tréigthe éirithe
ina shiansa stoirmspreagtha.
Mo cheol thú, a sheantí;
a leithéid de phortaíocht
ní chluinfí choíche
ó theach téagartha teaghlaigh
lá gaoithe.

Coirnéal na Sráide

Tráthnóna samhraidh agus sinn inár bpáistí
chruinnímis le chéile inár mbaiclí
thart timpeall an chuaille teileagraif
atá taobh le siopa an phoitigéara
ar Choirnéal Uí Cheallaigh ar na Croisbhealaí
le cuideachta a dhéanamh agus comhrá
sula dtéimis isteach chuig na pioctúirí.

Bhíodh an cuaille ag ceol go caointeach.
Amanta chuireadh mac an mheisceora,
deora ina shúile is é ag amharc go santach
ar na cógaisí leighis i bhfuinneog an phoitigéara,
a chluas leis an chrann is deireadh go brónach
gurbh í a dheirfiúr bheag féin
a bhí istigh sa chuaille sin ag éagaoin.

Sin breis agus fiche bliain ó shin anois
is tá na páistí sin uilig i mbun a bhfáis
is a gcuid páistí féin ag éirí aníos,
is ní bhíonn éinne ag coirnéal na sráide,
tráthnóna, ach mise is an cuaille teileagraif
is bímid beirt ag caoineadh go cráite
is ní leigheas poitigéara a bhéarfaidh faoiseamh.

Bó Bhradach

D'éirigh sé dúthuirseach, déarfainn,
den uaigneas a shníonn anuas i dtólamh
fríd na maolchnocáin is fríd na gleanntáin
chomh malltriallach le *hearse* tórraimh;
de bhailte beaga marbhánta na mbunchnoc
nach bhfuil aos óg iontu ach oiread le créafóg;
de na seanlaochra, de lucht roiste na dtortóg
a d'iompaigh an domasach ina deargfhód
is a bhodhraigh é *pink* bliain i ndiaidh bliana
ag éisteacht leo ag maíomh as seanfhóid an tseantsaoil;

de na *bungalows* bheaga bhána atá chomh gránna
le *dandruff* in ascaill chíbeach an Ghleanna;
de na daoine óga gafa i *gcage* a gcinniúna
dálta ainmhithe allta a chaill a ngliceas;
de thrí thrua na scéalaíochta i dtruacántas
lucht na dífhostaíochta, den easpa meanmna,
den iargúltacht, den chúngaigeantacht ar dhá thaobh an
Ghleanna;
de na leadhbacha breátha thíos i dTigh Ruairí
a chuir an fear ag bogadaigh ann le fonn
ach nach dtabharfadh túralú ar a raibh de shú ann;

de theorainneacha treibhe, de sheanchlaíocha teaghlaigh,
de bheith ag mún a mhíshástachta in éadan na mballaí
a thóg cine agus creideamh thart air go teann.
D'éirigh sé dúthuirseach de bheith teanntaithe sa Ghleann
is le rúide bó bradaí maidin amháin earraigh
*chlear*áil sé na ballaí is *hightail*áil anonn adaí.

An Díbeartach

An tír seo bheith ag fonóid faoi gach rabhán dá ndéan tú de cheol

(i) Ní thuigeann siad an buachaill seanchríonna
　　a bhíonn ag cumadh ar feadh na hoíche
　　thuas i gcnoic Bharr an Ghleanna.
　　Tá a bhfuil ar siúl aige amaideach
　　a deir siad thíos i dtigh an leanna —
　　macasamhail an mhadaidh bháin
　　a bhíonn ag cnaí chnámh na gealaí
　　i bpolláin uisce ar an bhealach.

　　　　Ach fós beidh a chuid amhrán
　　　　ina n-oileáin dóchais agus dídine
　　　　i bhfarraigí a ndorchadais.

(ii) Ní duitse faraor
　　　　dea-fhód a dhéanamh den domasach
　　　　ná an Domhnach a chomóradh mar chách
　　　　ná grá na gcomharsan lá na cinniúna
　　　　ná muirniú mná faoi scáth an phósta
　　　　ná dea-chuideachta an tí ósta.

　　Duitse faraor
　　　　dearg do-bhogtha Cháin
　　　　a bheith smeartha ar chlár d'éadain.

Pilleadh an Deoraí

Teach tréigthe roimhe anocht.
Ar an tairseach, faoi lom na gealaí, nocht
scáile an tseanchrainn a chuir sé blianta ó shin.

Rothaí Móra na Bliana

ceithre chasadh

Earrach

Sna cheithre hairde –
a leithéid de chanúintí glasa
i mbéal Aibreáin

Samhradh

An buachaill breoite –
stánann sé ar a dheartháir
ag stoitheadh an róis

Fómhar

Speal mo sheanathar
ag meirgiú sa scioból –
clapsholas fómhair

Geimhreadh

Drithleog nó dhó fágtha
i mbucaod luatha an tseanduine –
grian na glasmhaidine

Rothaí Móra na Bliana
ceithre chasadh

Earrach

Thar bánta na Bealtaine
lonraíonn deora drúchta –
Bealach na Bó Finne

Samhradh

Aiteann i mbláth –
buíocán uibhe doirte
ar fud Ghleann an Átha

Fómhar

A
cuid fabhraí –
sreanga ar a suíonn fáinleoga sracfhéachaintí

Geimhreadh

In ainneoin achainí
na bhfeithidí fonnmhara –
i gcónaí feonn féara

Caoineadh
i gcuimhne mo mháthar

Chaoin mé na cuileatacha ar ucht mo mháthara
An lá a bhásaigh Mollie – peata de sheanchaora
Istigh i gcreagacha crochta na Beithí.
Á cuartú a bhí muid lá marbhánta samhraidh
Is brú anála orainn beirt ag dreasú na gcaorach
Siar ó na hailltreacha nuair a tchímid an marfach
Sna beanna dodhreaptha. Préacháin dhubha ina scaotha
Á hithe ina beatha gur imigh an dé deiridh aisti
De chnead choscrach amháin is gan ionainn iarraidh
Tharrthála a thabhairt uirthi thíos sna scealpacha.
Ní thiocfaí mé a shásamh is an tocht ag teacht tríom;
D'fháisc lena hucht mé is í ag cásamh mo chaill liom
Go dtí gur chuireas an racht adaí ó íochtar mo chroí.
D'iompair abhaile mé ansin ar a guailneacha
Ag gealladh go ndéanfadh sí ceapairí arán préataí.

Inniu tá mo theangaidh ag saothrú an bháis.
Ansacht na bhfilí – teangaidh ár n-aithreacha
Gafa i gcreagacha crochta na faillí
Is gan ionainn í a tharrtháil le dásacht.
Cluinim na smeachannaí deireanacha
Is na héanacha creiche ag teacht go tapaidh,
A ngoba craosacha réidh chun feille.
Ó dá ligfeadh sí liú amháin gaile – liú catha
A chuirfeadh na creachadóirí chun reatha,
Ach seo í ag creathnú, seo í ag géilleadh;
Níl mo mháthair anseo le mé a shuaimhniú a thuilleadh
Is ní dhéanfaidh gealladh an phian a mhaolú.

Cancer

Dhíbir tú asat féin é blianta ó shin de neart uchtaigh.
Dhaingnigh tú an áit, chuir as do chuimhne é go tapaidh.
Bhí tú ar do shuaimhneas mar go mb'eol duit nach raibh sé i gciúnas.
Sheinn tú mar go mb'eol duit nach raibh sé i gceol.
Bhí tú croíúil mar go mb'eol duit nach raibh sé i gcuideachta.

Ach tharlaigh rud inteacht anocht, rud inteacht
a bhalbhaigh thú in áit na mbonn –
amhail is dá gcluinfeá cnagaireacht ag teacht ó sheomra
a bhí druidte daingnithe le blianta
de bharr taibhse a chluintí ann.

Johnny Appleseed
do Nuala Ní Dhomhnaill

Ní bhíodh ina chuid brístí agus ina léinidh
ach cóir éadaigh a d'fhóir do gach ré;
agus an sáspan caipíneach a shuíodh chomh teann
le bréidín táilliúra ar a chloigeann
is ann a d'ullmhaigh sé a chuid bidh
gach maidin nóin agus deireadh lae
agus é ar shiúlta síoladóireachta, ar bhonnaí
a bhí chomh cruaidh cranraithe le rútaí,
i gcoillte cúil ó Ohio go Kentucky;
agus achan áit a ndeachaigh sé, bhláthaigh
na crainn úll ina dhiaidh chomh craobhach,
lasánta leis na '*frontier girls*' a chonaic sé.

Ní raibh sé riamh i dtreis le Dia ná le duine
is cé gur choinnigh sé leis féin ó bhliain go bliain
bhí a bheatha á hordú aige mar shíl sé a bheith cóir;
is ní dhearna Indiach nó *Settler* nó ainmhí fiáin
díobháil nó dochar dó i gcríocha a bhí gan dlí.
Thug sé ceart agus cothrom do gach ní
de dhúile Dé ar fud na díthreibhe;
is ní chuirfeadh sé as dó beag ná mór
taobh an fhoscaidh de sheanchrann
nó uachais raithní cois abhann
a roinnt ar oíche thrombháistí
le racún, le béar, nó le nathair nimhe.

Dúirt seanbhean roicneach ó Richland County
go bhfanadh sé corroíche i dtigh a tuismitheoirí
nuair nach raibh inti féin ach *slip* bheag girsí;
ach ba é an chuimhne ba bhuaine a bhí aici air
nár labhair sé faoi mhná ach aon uair amháin:
oíche gheimhridh agus iad socair cois teallaigh
ag caint ar chúrsaí cleamhnais an cheantair,

d'fhuaraigh a ghnúis is tháinig siocán ina shúile,
'*Some are deceivers*', a dúirt sé lena hathair
agus é ag amharc isteach i gcroílár na mbladhairí,
is mhothaigh sí an phian a chiap is a chráigh é
is a chneáigh í féin gach uair a chuimhnigh sí air.

Ach in ainneoin chianfhulaingt sin na péine
níor lig sé dá léas dóchais a dhul as.
Sin cinneadh; an spréach atá ionat a mhúchadh
nó í a spreagadh chun solais is déine.
Chinn sé a chroí a chur i gcrainn úll anois
is iad a shíolú is a scaipeadh in ainm an dóchais
a d'adhain istigh ann go fuarintinneach.
Sna coillte atá fágtha go fóill, fann agus gann
in Kentucky in Ohio agus in Illinois
tá a shamhail le feiceáil i gcónaí san earrach –
laomlasracha geala na gcrann
agus leid bheag den tsiocán ina ndreach.

Do Jack Kerouac
do Shéamas de Bláca

The only people for me are the mad ones,
the ones who are mad to live, mad to talk,
mad to be saved, desirous of everything at
the same time, the ones who never yawn or
say a commonplace thing but burn,
burn like fabulous yellow roman candles.

Sliocht as *On the Road*

Ag sioscadh trí do shaothar anocht tháinig leoithne na cuimhne
chugam ó gach leathanach.

Athmhúsclaíodh m'óige is mhothaigh mé ag éirí ionam an *beat*
brionglóideach a bhí ag déanamh aithrise ort i dtús na seachtóidí.

1973. Bhí mé *hook*áilte ort. Lá i ndiaidh lae fuair mé *shot* inspioráide
ó do shaothar a ghealaigh m'aigne is a shín mo shamhlaíocht.

Ní Mín an Leá ná Fána Bhuí a bhí á fheiceáil agam an t-am adaí ach
machairí Nebraska agus táilte féaraigh Iowa.

Agus nuair a thagadh na bliúnna orm ní bealach na Bealtaine a bhí
romham amach ach mórbhealach de chuid Mheiriceá.

'*Hey, man, you gotta stay high*,' a déarfainn le mo chara agus muid ag
*freak*áil trí Chalifornia Chill Ulta isteach go Frisco an Fhál
Charraigh.

Tá do leabhar ina luí druidte ar m'ucht ach faoi chraiceann an
chlúdaigh tá do chroí ag preabadaigh i bhféitheog gach focail.

Oh, man, mothaím arís, na *high*eanna adaí ar Himiléithe na hóige:

Ó chósta go cósta thriall muid le chéile, saonta, spleodrach, místiúrtha;

Oilithreacht ordóige ó Nua-Eabhrac go Frisco agus as sin go Cathair
Mheicsiceo;

Beat buile inár mbeatha. Spreagtha. Ag bladhmadh síos bóithre i
gCadillacs ghasta ag sciorradh thar íor na céille ar eiteoga na
*m*bennies.

Thrasnaigh muid teorainneacha agus thrasnaigh muid taibhrithe.

Cheiliúraigh muid gach casadh ar bhealach ár mbeatha, *binge*anna agus
bráithreachas ó Bhrooklyn go Berkeley, *booze, bop* agus Búdachas; Éigse
na hÁise; sreangscéalta as an tsíoraíocht ar na Sierras; *marijuana* agus
misteachas i Meicsiceo; brionglóidí buile i mBixby Canyon.

Rinne muid Oirféas as gach *orifice.*

Ó is cuimhneach liom é go léir, a Jack, an chaint is an cuartú.
Ba tusa bard beoshúileach na mbóithre, ar thóir na foirfeachta, ar thóir
na bhFlaitheas.
Is cé nach bhfuil aon aicearra chuig na Déithe, a deirtear, d'éirigh
leatsa slí a aimsiú in amantaí nuair a d'fheistigh tú úim adhainte ar
Niagara d'aigne le *dope* is le diagacht.
Is i mbomaite sin na buile gineadh solas a thug spléachadh duit ar an
tsíoraíocht,
Is a threoraigh 'na bhaile tú, tá súil agam, lá do bháis chuig Whitman,
Proust agus Rimbaud.

Tá mo bhealach féin romham amach ... ' *a road that, ah, zigzags all over
creation. Yeah, man! Ain't nowhere else it can go. Right!'*
Agus lá inteacht ar bhealach na seanaoise is na scoilteacha
Nó lá níos cóngaraí do bhaile, b'fhéidir,
Sroichfidh mé croisbhealach na cinniúna is beidh an bás romham
ansin,
Treoraí tíriúil le mé a thabhairt thar teorainn,
Is ansin, *goddammit*, a Jack, beidh muid beirt ag síobshiúl sa tsíoraíocht.

Súile Soir

dálta spioradaí
déanaim toghairm a chur orm féin –
labhrann véarsaí

⚓

cailín ardnósach –
liathaíonn a súil gealaí
mo cheann catach

⚓

biorán staonaitheora
mórfhoclach ar liopa a phóca –
mac an mheisceora

⚓

gealach na gcoinleach –
tá úll dearg san fhuinneog
is an dath ag síothlú as

Súile Soir

Ag gríosú
tarbh gréine
tuáille dearg ar líne

bealach portaigh

I bpollán sa bhóthar
comhairim an t-achar
idir dhá réaltóg

oíche bháistí

píosaí poircealláin
ag glioscarnaigh sna portaigh –
gealach i bpolláin

i mo sheomra leapa

oíche fhada gheimhridh –
cumhaidh ar an chuileog fosta
léi féin sa leabaidh

geimhreadh

lá i ndiaidh lae
tchím an ghrian ag gabháil in ísle –
tá m'athair seachtó sé.

Máirtín Ó Direáin

Is tusa an fuascailteoir
a ghríosaigh is a threoraigh le do theacht
éirí amach na bhfocal.

As daingne díchuimhne
shaoraigh tú iad ó dhaorsmacht
le heochair d'inchinne.

Saoránaigh iad anois
a bhfuil a gcearta acu go beacht
i bpoblacht do dháin.

Soinéad

In albam na cuimhne atá siad taiscithe.
An ceann catach, na súile macánta
agus tráthnónta galánta na Bealtaine.
Samhailteacha! Samhailteacha na cuimhne
as albam i rúnchomhad na haigne
sin a bhfuil iontu, a bhuachaill na Bealtaine,
samhailteacha nach dtéann i ndíchuimhne.

In albam na cuimhne atá siad taiscithe
an ceann catach, na súile macánta
agus tráthnónta galánta na Bealtaine
ach amanta fosclóidh mé rúnchomhad na haigne
agus déanfaidh mé iad a aeráil i mo dhánta,
do cheann catach, do shúile macánta
agus tráthnónta galánta na Bealtaine.

Crainn

Snaidhmeann tú do ghéaga thart orm anocht
is gaoth ár gcéadfaí ár séideadh le chéile;
crann silíní mise géilliúil i ngúna bándearg
agus is tusa crann darach fearúil is lán d'fhéile.

Is tusa an crann darach a thugann dídean
don taistealaí a thuirsíonn ionam i lár na hoíche;
Is tusa an crann darach a thugann dearcáin
don pháiste a shúgraíonn asam oíche na gaoithe.

Muidne na crainn atá scartha óna chéile ar an tsliabh.
Ní fhaca tú ár ngéaga ag dlúthú le chéile ariamh.
Ár gcinniúint a deir tú bheith deighilte ó luan go luan.
Amaidí! Tá ár gcuid rútaí ag muirniú a chéile go buan.

Soilse

Tá soilse bithbhuan' na spéire
Ag spréacharnaigh anocht go glé
Gach ceann acu ina mheall mistéire
Ach ní orthu atá m'iúl, a bhé,

Ach ar chruinneog chré do chinn
As a dtigeann drithlí órbhuí na gcúl;
Soilse spéiriúla i ngach aird go glinn –
Gile an gháire agus gorm tintrí na súl.

Ach do cheann meallach bheith ar m'ucht,
Dhearmadfainn díomuaine an duine,
Ó i bhfirmimint d'fhoiltse anocht,
Thrasnóinn Bealach na Bó Finne.

Fios

Cneas le cneas, a chroí,
déanfaidh salann ár gcuid allais
sáile den leabaidh

Béal ar bhéal go docht
beidh bradán feasa do theanga
ag snámh ionam anocht.

Dúil

B'fhearr liomsa buachaill thigh an leanna
a bhfuil a chroí lán de theas ceana

Is a labhrann i laomanna lasánta
faoina dhuáilcí is faoina dhánta

Is a dhéanann gáire chomh gríosaitheach
le craos de mhóin chipíneach

Is a chaitheann spréachta óna shúile
a lasann tinidh mo dhúile

Ná Nefertítí í féin i mo leabaidh
is iontaisí na bhFaróanna ar fud an tí.

Ceann Dubh Dílis

A cheann dubh dílis dílis dílis
d'fhoscail ár bpóga créachtaí Chríost arís;
ach ná foscail do bhéal, ná sceith uait an scéal:
tá ár ngrá ar an taobh tuathail den tsoiscéal.

Tá cailíní na háite seo cráite agat, a ghrá,
is iad ag iarraidh thú a bhréagadh is a mhealladh gach lá;
ach b'fhearr leatsa bheith liomsa i mbéal an uaignis
'mo phógadh, 'mo chuachadh is mo thabhairt chun aoibhnis.

Is leag do cheann dílis dílis dílis,
leag do cheann dílis i m'ucht, a dhíograis;
ní fhosclód mo bhéal, ní sceithfead an scéal
ar do shonsa shéanfainn gach soiscéal.

Tá Mé ag Síorshiúl Sléibhe

Tá mé ag síorshiúl sléibhe ar feadh na hoíche
ó Mhalaidh na Gaoithe suas go barr Mhín na Craoibhe
is ó thréig tú aréir mé—cé shamhlódh é choíche—
tá mo shaolsa níos loime ná blár seo an tsléibhe.

Chiap tú mé is chráigh tú mé is d'fhág tú mar seo mé
gan romham is gan i mo dhiaidh ach seachrán agus sliabh,
gan amach i ndán domh as duibheagán seo an dorchadais,
óir ba tusa an ball bán a bhí riamh ar an oíche i mo chliabh.

Bhéarfainnse a bhfuil agam agus flaitheas Dé lena chois
ach mé a bheith sínte anois idir tusa agus saol na ngeas.
Ó, a cheann dea-chumtha agus a chorp na háilleachta,
b'fhearr amharc amháin ort anocht ná solas síoraí na bhFlaitheas.

Oíche Ghealaí i nGaililí 1993

Oíche Ghealaí i nGaililí
Dráma i saorvéarsaíocht

PEARSANA:

HÉARÓID

HÉARÓIDIAS

SALOMÉ

EOIN FÁIDH

AMMON

OMRI

SUÍOMH: Pálás Héaróid.   An oíche atá ann.   Tá maithe agus
móruaisle na tíre cruinnithe le chéile le ceiliúradh a dhéanamh ar
lá breithe Héaróid.

Radharc 1
An Cruinniú

Tá Omri agus Ammon ag caint le chéile sa ghairdín.

OMRI
Amharc, amharc in airde, a Ammon.
Tá an ghealach mar shúil nimhe
i ngnúis na spéire. Tá mílítheacht an bháis
i ngach ní ar a n-amharcann sí anocht.
Cuireann sí critheagla orm.

AMMON
Tá an bhagairt chéanna i súile Héaróidias:
bagairt an bháis. Chan súile atá aici ach sceana:
sceana atá faobhrach le fuath.

OMRI
Shh! Tá contúirt i do chuid cainte.
Anseo tá cluasa ar na clocha.

AMMON
Amharc anonn, a Omri. Tá Héaróidias
ag síneadh gloine fíona chuig Héaróid;
fíon atá ar dhath trom na fola.
Tá sí ag beannú dó le fuath.

OMRI
Shh, a stór. Tá an oíche chomh ciúin
go gcuireann sí critheagla orm.
Tá sí mar oíche ar pháirc an chatha
is gan inár dtimpeall ach corpáin.
Cluintear madadh ag caoineadh.

AMMON

Agus siúd Salomé ag sleamhnú isteach
mar a bheadh Aingeal an Bháis ann.
Amharc! Tá súile Héaróid ag sní síos agus suas a corp
go díreach mar a dhéanfadh pláigh piastaí;
a leithéid de shúile craosacha!

OMRI

Salomé! Tá sí chomh hálainn sin go bhfuil an t-aer
mar chathaoir ríoga ina timpeall.
Tá éanacha beaga na spéire á hiompar ó áit go háit.
Ní siúl a dhéanann sí ach snámh.
Tá Salomé ag snámh idir an saol agus an tsíoraíocht;
Gluaiseacht atá chomh gleoite le . . .

AMMON

Fuil ag sní as créachtaí . . .

OMRI

Tá tú searbh anocht, a Ammon,
Seo lá breithe Héaróid, ba chóir dúinn
a bheith ag ceiliúradh na hócáide
leis na haíonna eile atá cruinnithe anseo.

AMMON

Níl mé cinnte cé acu lá breithe
atá ann, a Omri, nó lá báis.

OMRI

Isteach linn, a Ammon, isteach linn
go gasta, chuig ár gcairde, sula ndéanfaidh
súil nimhe na gealaí tuirlingt orainn.
Tá sceoin sa spéir sin anocht.

EOIN

Tá glór ag glaoch san fhásach;
Réitígí bealach an Tiarna,
Déanaigí díreach a chosán.
Tá fuascailteoir chugaibh, a Chlann Iosrael.

OMRI

Cé leis an glór sin, a Ammon?
An guth truacánta sin atá ag teacht
aníos chugainn as na duibheagáin . . .
Tá uaigneas na mbeo sa ghlór sin
agus uaigneas na marbh . . .

AMMON

Sin Eoin, an príosúnach is glóraí
a chuala mise le mo linn.
Deir na Giúdaigh gur fáidh atá ann.
Chaith sé de réir na dtuairiscí
formhór a shaoil amuigh san fhásach
agus san fhiántas ach le bliain nó dhó
tá sé ag gabháil timpeall na tíre seo
ag gríosadh agus ag spreagadh na ndaoine;
ag iarraidh orthu iad féin a ullmhú
do rí inteacht atá ag teacht.
Rí a ghlacfas seilbh ar Rí-chathaoir Dháibhí,
Rí níos cumhachtaí ná Caesar.
Sin an fáth a ndearna Héaróid príosúnach de.
Ní fáidh atá ann, dar leis-sean, ach réabhlóidí.
Ba mhaith leis an fhear díchéillí seo
go gcuirfeadh na Giúdaigh in éadan riail
agus reacht uilechumhachtach na Róimhe . . .

OMRI

Más fíor a ndeir tú, a Ammon,
Is léir go bhfuil seilbh glactha ag an ghealach
ar a stuaim agus ar a shamhlaíocht . . .

AMMON

Tá creideamh an-aisteach ag na Giúdaigh.
Creideann siad in aon Dia amháin
atá síoraí agus uilechumhachtach.
Agus tá a fhios agam go bhfuil sé fógraithe
ina gcuid scríbhinní diaga
agus ina gcuid tairngreachtaí
go dtiocfaidh Mac Dé é féin
le hiad a tharrtháil is a threorú.

OMRI

Tá Dia na nGiúdach dian go maith.
Cuireann sé béim an-mhór ar chúrsaí moráltachta.
Níl aon áit ina theagasc, is cosúil,
do phléisiúr na colainne.
Ní bheadh mórán measa
ar a leithéid de Dhia sa Róimh, a Ammon.
Dála an scéil, a chroí,
an gcreideann tú féin sna Déithe?

AMMON

'Sé mo thuairim phearsanta féin
nach bhfuil i nDia
ach teorainn a chruthaíonn an duine
nuair a theipeann ar a shamhlaíocht
dul i ngleic leis an tsíoraíocht.
Amuigh ansiúd tá dorchadas diamhair dothuigthe;
uaigneas uafásach na spéire;
a chuireann scanradh ar ár n-aigne.
Níl dóigh níos fearr le hé a líonadh
le hé a dhaonnú, ba cheart domh a rá,
ná déithe a shuíomh ann.

OMRI

Tá Héaróid ag teacht inár dtreo, a Ammon.
Tá cuma mhíshuaimhneach air,

bogaimis linn as a chosán.
Imíonn Omri agus Ammon.

Tá Héaróid agus Salomé ag siúl i gcuideachta a chéile.

HÉARÓID
Anocht tá an ghealach chomh dearg le mias,
mias a bheadh ag cur thar maoil le fuil.

SALOMÉ
Níl sa dearglach sin ach luisne.
Luisne an ghrá, a Héaróid. Anocht tá an ghealach
mar bhean nocht ag éirí go lúcháireach
as leaba an aoibhnis. Amharc! Anois
tá sí ag caitheamh na scamall i leataobh
go díreach mar a dhéanfá le braillíní.

HÉARÓID
Anocht tá dreach na gealaí chomh fuilteach le cloigeann:
Cloigeann a scoithfí ón cholainn le tua búistéara . . .

SALOMÉ
Níl sa dearglach sin ach teaspach.
Teaspach na feola is na fola. Anocht
tá an ghealach lán de ghrá agus de ghean . . .

HÉARÓID
Tá an ghealach ag sileadh fola, a Salomé, fuil
    a doirteadh le díoltas . . .

EOIN
Tá lá an Tiarna chugaibh,
a lucht na hearráide.
Ní chuirfear bhur mbás ar cairde.
Breathnaígí! Tá an comhartha crochta in airde.
Éistigí! Tá an stoc á shéideadh.

Déanfar sibh a bhascadh agus a chreachadh,
a chlann na ceannairce.
Mar lochán i mbéal na gaoithe
déanfar sibh a shíobadh as bhur dtithe.

HÉARÓID
Stad!

EOIN
Beidh mic tíre ag glaoch ar a chéile i do chuid áras,
beidh nathracha nimhe i do chuid pálás,
Shéan tusa, a Héaróid, Tiarna an tSolais.

HÉARÓID
Bíonn sé ag caitheamh saigheada nimhe i mo threo i gcónaí.
Gach ceann acu tumtha i bpisreogaí na nGiúdach . . .

SALOMÉ
Cé hé féin? Tá a ghlór chomh tarraingteach
le sruthán sléibhe sa dorchadas.

HÉARÓID
Ach tá boladh as a chuid briathra a chuireann poll séaraigh
i mbrothall an tsamhraidh i gcuimhne domhsa . . .

SALOMÉ
An fíor go gcluinim feithid bheag ar a dtugtar fuath
ag piocadh istigh ansin i d'aigne, a Héaróid?
Feithid an fhuatha, bheir sí bás go luath!

HÉARÓID
Tá dálta do mháthar ortsa, a iníon ó. Tá tú ábalta an smaoineamh
is sia i m'aigne a aimsiú.

EOIN

Is mairg do chlann na ceannairce
a charnann coir sa mhullach ar choir;
Tá an Tiarna ag teacht ar a dtóir.

HÉARÓID

Éist le hEoin!   Eoin Fáidh a ghlaonn na bochta air.
    Gabhadh an fear fiáin seo
agus rinneadh príosúnach de, cionn is go raibh sé ag
    craobhscaoileadh is ag cothú ceilge
i mo choinne, timpeall na tíre. Bhí sé ar buile, is
    cosúil, siocair gur fhuadaigh mé
agus gur phós mé bean mo leasdearthár, bean Philib:
    Héaróidias, do mháthair mhealltachsa,
a Salomé. Deireann sé nach bhfuil inti ach striapach
    Ifrinn, agus b'fhéidir go bhfuil an ceart aige;
Ach níos measa ná sin, cuireann sé an milleán ormsa,
    cionn is na Rómhánaigh a theacht
chun na tíre seo. Amaidí! Ní fhéadfaí na Rómhánaigh
    a choinneáil amach as an tír seo
ach oiread agus d'fhéadfaí stoirm gaoithe ó shléibhte Iudeá
    a shrianadh le fuip.
Mhaslaigh sé mé agus tharcaisnigh sé mé, anseo,
    i gceartlár mo ríochta.
Bhagair sé spioraid agus ainspioraid orm, ina sluaite,
    ach tá sé sáinnithe agam anois,
Agus déanfaidh mé mo dhíoltas féin,
mo dhíoltas speisialta féin,
    a imirt air, ó go mall, mall, milis.

EOIN

Sceoin agus clais agus gaiste
Sin a bhfuil i ndán duitse, a dhuine na hurchóide,
Má theitheann tú ó' thorann na sceoine
titfidh tú sa chlais.

Agus má dhreapann tú aníos as an chlais
béarfar ort sa ghaiste.
Ní chuirfear díoltas an Tiarna ar cairde.

HÉARÓID
Níl aon tiarna anseo níos cumhachtaí, ná níos cumasaí
    ná mise, Héaróid Antipas,
Teatrarc na Gailílí – cara le Caesar – agus is é Caesar
    tiarna an tsaoil.
Déanfaidh mé an fear seo a cheansú agus a smachtú.
    Déanfaidh mé é a ísliú,
sa chruth nach mbeidh tógáil a chinn aige le náire.
    Bainfidh mé an gus as le gliceas.
Cuirfidh mé as a mheabhair é sula muirfidh mé é;
    Meallfaidh mé é . . .
Bradán glic atá ann ach meallfaidh mé é ar ball
    as uiscí glana a gheanmnaíochta.
Tá an baoite anseo agam, baoite gleoite na banúlachta;
    Rachaidh sí go croí ann.

Radharc 2
An Cathú

Tá Salomé ag siúl thart ar Eoin ag iarraidh é a mhealladh.

EOIN
Tá dearmad déanta aici ar an Dia a dhealbhaigh í,
a spréigh na spéarthaí os a cionn mar scáth,
a leag an talamh ag a cosa le grá.

SALOMÉ
Mo mháthair atá á mhaíomh agat? Cén fáth?

EOIN
Lorgaígí an Tiarna fad a chuireann sé é féin ar fáil.
Glaoigí air fad atá sé in bhur ndáil,
fágadh an striapach a drochnós;
pilleadh sí ar an Tiarna atá fial lena mhaithiúnas.

SALOMÉ
Tá do bhriathra borb agus binbeach
ach tá beatha iontu, a Eoin. Eoin Fáidh!
Nach é sin d'ainm i measc na nGiúdach?
Eoin! Focal atá chomh cruinn le mo chíocha.

EOIN
As mo radharc leat, a bhean mhínáireach.
Tá nathracha nimhe i do theanga.

SALOMÉ
An bhfuil an bheatha chéanna i do bhriathra leapa
agus atá i do bhriathra masla?

EOIN

Is mairg do chlann na ceannairce
a charnann coir sa mhullach ar choir,
tá an Tiarna ag teacht ar a dtóir.

SALOMÉ

An bhfuil aon smaoineamh i do cheann, seachas scrios?
Nach dtig leat taitneamh a bhaint as an tsaol?
Cén cineál Dé a chuireann cosc ar cheiliúradh na colainne,
a chuireann téada agus teaghráin ar do chéadfaí
amhail is dá mba thréad gabhar iad?
An coillteán atá ann, a Eoin?

EOIN

Imigh uaim, a iníon na Bablóine. Tá do chuid
briathra mar phláigh lócaistí i spéarthaí m'anama.
Réitígí bealach an Tiarna, déanaigí díreach a chosán.

SALOMÉ

Níl ach cúpla orlach eadrainn, a Eoin.
An mothaíonn tú mo bhoige . . . mo bhanúlacht
ag éirí chugat mar bholadh túise i dteampall an Tiarna?

EOIN

Tá tú mealltach . . . tá tú ag cuartú úll na haithne
i ngairdín mo gheanmnaíochta.

SALOMÉ

Na húllaí is deirge agus is milse, a Eoin,
tá siad ag fás ar chrann na fearúlachta.
Lig domh iad a bhlaiseadh sula n-imeoidh an sú astu,
sula mbainfidh cruimh na haoise an mhaith astu.

EOIN

Tá tú glic agus gáifeach, a bhean mhínósach.

SALOMÉ

Tá mé anseo le tú a shásamh.

EOIN

Tá tú anseo le mé a spochadh.

SALOMÉ

Le timpeallghearradh a dhéanamh ar do chruas
mar a ghní na Giúdaigh lena gcuid mac.
Tá forchraiceann ar do chéadfaí, a Eoin.

EOIN

Bí i do thost. Tá mé chomh glan i láthair an Tiarna
is atá an t-uisce a shníonn in Abhainn na hIordáine.

SALOMÉ

Tá d'anáil mar chúr bán na mara
ag sleamhnú aníos cladaigh mo chéadfaí;
Clúdaigh mé le tonnta teasa do ghrá,
líon gach cuas le do chumhacht.

EOIN

Tum tú féin i dtobar an tslánaithe, a iníon na Bablóine.

SALOMÉ

Tá do chraiceann chomh cumhra
le bláthcheapach i bhfiántas an fhásaigh.
Tá an lile bhán agus an deargrós
ag iomaíocht le chéile i do ghnúis.
Lig domh iad a uisciú le mo phóga taise.
Tá do sciatháin ina sleánna
ar a bhfuil grian an gheimhridh ag glinniúint:
sleánna géara an ghaiscígh
a bhrúfadh an anáil asam le haoibhneas.
Smachtaigh mé le do shleánna.
Sín mé ar an talamh.

EOIN

Ní éistim ach le glór glé an Tiarna,
Neach naofa Iosrael.

SALOMÉ

Tá do cholainn chomh docht daingean
le crann coille de chuid na Liobáine,
crann ar a neadaíonn iolar fíochmhar do chinn.
Lig domh sleamhnú suas an crann
is déanfaidh mé an t-iolar a cheansú le ceol mo chíche.

EOIN

Imigh! Imigh amach, a iníon Shodom,
agus ísligh tú féin roimh an Té atá ag teacht . . .

SALOMÉ

An bhfuil an té atá ag teacht chomh dea-dhéanta,
chomh dea-chumtha leat féin, a Eoin?
An bhfuil a bhéal chomh súmhar
le mealbhacán uisce do bhéilse, a stór;
mealbhacán uisce a gearradh do bhricfeasta na banríona.
Cuireann do bhéal cíocras orm, a mhian.

EOIN

Stad! Stad!

SALOMÉ

Teastaíonn do chorp uaim, a Eoin;
do chorp atá mar ainmhí allta
faoi ghéibheann i gcró na cráifeachta.
Lig domh tú a scaoileadh as na slabhraí . . .
Tá saoirse i mo phóga, a chroí,
bainfidh muid beirt buaic an tsuaimhnis amach . . .
anocht . . . ar shliabh na seirce.
(*Déanann sí iarracht a lámha a chur thart air.*)
Tar chugam, tar chugam, a chroí.

Is teach aíochta mé ar do bhealach duairc dorcha, a thaistealaí.
Tá mé foscailte agus fáilteach. Tar chugam . . .
Buaileann sé san aghaidh í agus caitheann sé í i leataobh.

EOIN
Imigh! Imigh as mo radharc.
Chan grá a thugann tú, a bhean, ach gráin.

SALOMÉ
Fáidh! Ní léir duit an rud atá os do chomhair
chan amháin an rud atá le theacht.
Fáidh! Níl ionat ach féiléacán.
Bainfidh mé díoltas asat . . . tusa a dhiúltaigh Salomé,
iníon Héaróidias, banphrionsa na Gaililí;
bainfidh mé fuil asat, fiú mura bhfuil ionat ach cloch.
Imíonn sí go feargach.

EOIN
Sceoin agus clais agus gaiste
sin a bhfuil i ndán duitse, a bhean na hurchóide.
Má theitheann tú ó thorann na sceoine
titfidh tú sa chlais.
Agus má dhreapann tú aníos as an chlais
béarfar ort sa ghaiste.
Ní chuirfear díoltas an Tiarna ar cairde.

Radharc 3
An Damhsa

Tá Ammon agus Omri ag siúl le chéile sa ghairdín.

AMMON
Tá solas i súile Salomé a chuireann
creatha fuachta orm. Bhí gaoth an gheimhridh
ina gluaiseacht agus í ag gabháil tharainn.
Níor labhair sí linn.

OMRI
Tá solas fuar ina súile anocht;
an cineál solais a bhíonn ar leac oighir
faoi loinnir na gealaí. Chuirfeadh sé eanglach
i do chroí . . .

AMMON
Tá scrios sna súile sin anocht.

OMRI
B'fhéidir gur chaill sí a foighid.
Tá Héaróid i gcónaí ar a tóir,
á seilg ó mhaidin go hoíche. Tá sí mar eilit
ag teitheadh roimh chonairt a cholainne.

AMMON
Is iontach liom nach ngéilleann sí dó.
Tá sí fial go leor le fir eile.
Bíonn sí féin i gcónaí sa tseilg.
Is beag fear de chuid na cúirte seo
nár chuala adharc seilge a gáire ina chluasa.
Anocht rinne sí iarracht an fear fíochmhar sin
atá faoi ghéibheann ag Héaróid a cheansú.
Ach ní raibh aird dá laghad aigesean
ar a cuid mealltachta ná a cuid maslaí.

OMRI

Seo chugainn Héaróid.
Tá cuma chorraithe air,
bogaimis linn sula gcuirfidh sé sonrú ionainn.
Imíonn Ammon agus Omri.

Tagann Héaróid i láthair.

HÉARÓID

Á! Dá bhféadfadh Salomé an fear gránna sin
    a ghríosú agus a ghriogadh;
Dá bhféadfadh sí é a mhealladh . . .
    Ní bheadh sé de dhánaíocht ann ansin
a bheith ag gearán fúmsa . . .

EOIN

Mo mhallacht ar an té atá ina luí
ar leaba na drúise. Ní éisteann sé
ach le callán a chéadfaí agus glór Dé i gceartlár a thí.
Tagann Héaróidias i láthair.

HÉARÓIDIAS

An fear damanta sin;
cén fáth nach steallann tú an cloigeann de
le tua an díoltais.
Tá a theanga mar scian ag baint stiallta
as mo shuaimhneas.
Ní thig liom an tarcaisne seo a sheasamh níos mó.

HÉARÓID

Foighid! Foighid, a Héaróidias. Caithfear a bheith cúramach.
    Dá mbainfinn an ceann de
anois díreach, d'éireodh na Giúdaigh amach i mo choinne.
    Tá siadsan uilig den bharúil
gur Éilias atá tagtha arís chucu ina bheatha. Dar leosan
    go bhfuil sé anseo lena dtarrtháil.

Tá sé anseo agam mar ghiall, sa dóigh go mbeidh mé ábalta
    déileáil lena lucht leanúna:
an dream dainséarach sin atá ag iarraidh mé a chur as
    cumhacht . . .

HÉARÓIDIAS

Níl aird ar bith agat ormsa, a Héaróid.
Ní chuireann sé as duit, beag ná mór, go bhfuil an fear sin
ag satailt orm lena chuid seanmóireachta;
go bhfuil sé ag tarraingt fola asam lena chuid tarcaisne.
Ligeann Héaróid osna. Is léir go bhfuil sé faoi bhrú.

HÉARÓIDIAS

Níl aon mhaitheas in osnaí, a Héaróid,
ach amháin in osnaí an ghrá, agus ní chluinim aon
cheann acu sin ag teacht asat anois . . .

HÉARÓID

Bí suaimhneach, a bhean, bí suaimhneach! Anocht
    tá gach osna ina carraig;
ceann ar cheann táthar á gcarnadh os cionn mo chroí,
    sa chruth go bhfuil airde cnoic
iontu anois. Ach cá bhfuil Salomé? Salomé! Salomé!
    Dá gcluinfinn a gáire anois
thógfaí an t-ualach seo de mo chroí . . .

HÉARÓIDIAS

Ní ormsa atá d'aird, ach ar Salomé.
Tá a fhios agam cá mbíonn do shúile, nuair a bhíonn sí ag siúl
os do chomhair. Tchím tú á striopáil i do shamhlaíocht.
Cluinim do chuid briathra ceana ina cluasa.

HÉARÓID

Bí ciúin, a bhean, ciúin . . . ciúin. Anocht tá cogadh
    idir croí agus cloigeann;
cogadh fuilteach . . . fealltach . . . ach dá dtiocfadh . . .
    dá dtiocfadh . . .

HÉARÓIDIAS

Dá dtiocfadh Salomé . . . Salomé atá uait . . .
Dá dtiocfadh Salomé, chuirfeadh sí cogar i do chluais;
cogar a dhéanfadh síocháin idir croí agus cloigeann.
Ní thig leat bean a tréigeadh a chiúnú.
Tá a cuid díoltais ag scairtigh amach os ard, mar sclábhaithe
a bhrisfeadh smacht a dtaoisigh,
is a ghlacfadh seilbh ar a raibh aige den tsaol.
Tá do phort seinnte, a Héaróid.
Tá a fhios agam go ndéanfá mé a dhíbirt as do radharc,
go gcuirfeá arís ag do leasdeartháir mé
ach amháin go bhfuil eagla ort go gcaillfeá Salomé.

EOIN

Iarraim ar striapach Shodom
a ceann a chromadh le náire.

HÉARÓIDIAS

Mura gcuirfidh tú an fear sin ina thost
déanfaidh mé féin é.
Tá tú ag cailleadh stiúir ar do dhúiche
agus ar do dhaoine. Tá deireadh leat, a Héaróid.
Imíonn sí.

HÉARÓID

Tá mé mar chrann anseo faoi ghreadadh na gaoithe:
    Tá mo ghéaga ar crith is ag croitheadh
ach ní thig liom bogadh. Tá mé préamhaithe le heagla . . .
Tagann Salomé isteach.

HÉARÓID

Salomé! Salomé! Tá mé anseo agus ceangal
    na gcúig gcaol orm,
le cúraimí an tsaoil. An dtiocfadh leat na slabhraí seo
    a scaoileadh anuas díom,
A Salomé . . .

SALOMÉ

Deir mo mháthair gur as saint
atá do chuid slabhraí déanta.
Deir sí gur tú féin a chruthaigh
is a cheangail iad. Agat féin atá an eochair, a Héaróid.
Ach b'fhéidir gur chaill tú í . . .?

HÉARÓID

A Salomé, a chroí, ná bí ag éisteacht le do mháthair.
     Tá cealg ina cuid cainte.
Cuirfidh sí nimh i do chroí ceansa . . . Ó, a Salomé,
     ná himigh uaim . . .
Ná fág anseo mé agus gan i mo thimpeall ach fuath.

SALOMÉ

Tá do shúile sáite ionam i gcónaí, a Héaróid.
Ní thig liom iad a sheachaint.
Tá siad sna sála agam i dtólamh,
ag impí agus ag achainí
go díreach mar a bheadh *poodle* ann
a d'fhágfaí gan bhia . . .

HÉARÓID

A Salomé – ná tréig mé anois. Tá an oíche seo
     lán de shúile beaga craosacha.
Tá siad ag faire orm le fuath agus le fearg.
     Mothaím iad ag teannadh isteach orm
is gan cosaint agam ina n-aghaidh ná bealach éalaithe . . .
     Níl aon ní, a Salomé, a thógfadh
an dorchadas seo de mo chroí anocht, ach amháin,
     amharc a fháil, amharc amháin fiú,
ar ghaetha gréine do ghluaiseachtaí. Déan damhsa domh,
     an damhsa sin a bhíonn á chleachtadh agat
os comhair scátháin do sheomra leapa . . .

SALOMÉ
Deir mo mháthair go mbíonn tú ag féachaint orm
fríd pholl na heochrach . . .

HÉARÓID
An damhsa, a Salomé, an damhsa le do thoil,
    Tá mé fuar agus níl aon ní
a chuirfeadh an fhuil ag borradh i mo chuislí ach amháin
    do chuid gluaiseachtaí,
na gluaiseachtaí a thig asat mar bhladhairí . . .

SALOMÉ
I dtine do dhúile, a Héaróid.

HÉARÓID
Ná diúltaigh mé, a Salomé. Damhsaigh! Damhsaigh!
    Tá do chuid gluaiseachtaí
mar ghealach ag gearradh aicearra airgid fríd
    mhachairí na mara:
Déan bealach domh as mo bhuaireadh.

SALOMÉ
Anocht níl aon cheol i mo chosa;
ní chluinim rithim an rince i mo chroí.

HÉARÓID
Damhsaigh domh, a Salomé, agus béarfaidh mé duit
    cé bith rud atá uait.
Abair é, a stór, agus beidh sé agat. Leath mo ríochta!
    Aon rud atá le do mhian;
Aon rud ach . . . damhsaigh . . . damhsaigh . . .
    Bronnfaidh mé seoda ort ina slaoda;
clocha luachmhara as gach cearn den domhan:
    Ópal, tópás agus rúibíní,
bronnfaidh mé péarlaí ort a bheas mar spraoi solais
    ar do bhráid. Ní bheidh an dara bean

i Ríocht na Róimhe chomh solasmhar leatsa, a Salomé.
    Ach déan an damhsa ar dtús . . .

SALOMÉ

Níl seoda ar bith níos lonraí ná seoda mo shúile:
Ní solas bréige atá iontu, a Héaróid,
ach solas beo . . .

HÉARÓID

Bronnfaidh mé tithe agus tailte ort! Saibhreas an tsaoil!
Searbhóntaí! Beidh ceannas agat agus cumhacht.
Déanfar friotháladh ort agus freastal.

SALOMÉ

Tá mé ábalta amharc i mo dhiaidh féin, a Héaróid.
Is é m'áilleacht féin an mhaoin is fearr.
Is iad mo smaointe féin na searbhóntaí is éifeachtaí . . .
Ach dá n–iarrfainn . . .
an leabhar draíochta a fuair tú ó chailleach cártaí
de chuid na hAraibe . . . An dtabharfá domh é? . . .
An dtabharfá domh . . .
Tagann Héaróidias isteach i ngan fhios.

HÉARÓID

Aon ní, a iníon ó. Cé bith atá le do mhian,
    bíodh sé beag nó mór,
gheobhaidh tú é ach an damhsa a dhéanamh.
    An damhsa, a Salomé, an damhsa sin
a thig asat mar shiollaí ceoil ag sní as bogha an veidhleadóra.

HÉARÓIDIAS

Ag mealladh m'iníne arís, a Héaróid!
Ach níl aon aird aici ort, a sheanreithe.
Tá do sheal thuas; tá do ré thart.

SALOMÉ
An dtabharfaidh tú móid domh
os coinne na n-aíonna seo ar fad
go gcoinneoidh tú d'fhocal?

HÉARÓIDIAS
D'fhocalsa, a Héaróid!
Níl sé d'fhear ionat a leithéid a thabhairt.
Níl seasmhacht ar bith ag baint leat.

SALOMÉ
D'fhocal, a Héaróid.
D'fhocal agus déanfaidh mé an damhsa.

HÉARÓIDIAS
Damhsa!

HÉARÓID
Bí ciúin, a bhean, bí ciúin. Geallaim duit, a Salomé
    go dtabharfaidh mé duit cé bith atá uait.
Tugaim móid agus mionn go gcomhlíonfar
    mo gheallúint . . .
Téann Héaróidias i gcomhairle le Salomé.

HÉARÓIDIAS
Móid agus mionn
os comhair na cuideachta,
sin é a theastaíonn uainn, a Héaróid.

HÉARÓID
Ná tabhair aird ar do mháthair, a Salomé,
    Ná héist lena cuid mioscaise.
Tá dorchadas ina dreach atá níos duibhe agus níos dainséaraí
    ná oíche drochghealaí
I nduibheagán an tsléibhe. Caillfear tú sa dorchadas sin;
    Rachaidh tú ar seachrán, a Salomé.

HÉARÓIDIAS
An mhóid agus an mionn, a Héaróid!

SALOMÉ
An mhóid agus an mionn, a Héaróid!

HÉARÓID
Déanfar mar a ordaíonn tú, a stór,
  ach an damhsa a dhéanamh.

HÉARÓIDIAS
Déanfar an damhsa duit, a Héaróid,
  ach ar dtús, d'fhocal.

SALOMÉ
D'fhocal, a Héaróid.

HÉARÓID
A chairde na páirte, ba mhaith liom aoi speisialta
  a chur in aithne daoibh;
bean álainn aibí – ach ní bean í dáiríre
  ach bláth ar ar bronnadh beatha.
As gairdín de chuid Venus a seoladh í anuas chugam
  le mo chroí a chumhrú . . .
le samhradh a dhéanamh de mo shaol . . .
(*Cluintear casachtach chrua ó Héaróidias.*)
    Ina cuid gluaiseachtaí
tá sí níos gleoite ná aon lile ag bogadaí i mbog-ghaoth.
    Seo chugaibh Salomé . . . an bláth beo,
le damhsa a dhéanamh dúinn . . . Agus os comhair na
cuideachta
    geallaim go dtabharfaidh mé dithe
cé bith bronntanas atá uaithi, beag nó mór, mar luach saothair,
    agus mar thabhartas dá háilleacht.

Déanann Salomé an damhsa.

HÉARÓID

Anois, a chroí, iarr cá bith atá le do mhian;
    Iarr agus gheobhaidh tú.
Téann Salomé agus Héaroidias i gcomhairle lena chéile.

SALOMÉ

Ba mhaith liom, a Héaróid, mias . . .

HÉARÓID

Mias lán de sheoda, a stór, mias a bheadh
    ag cur thar maoil le . . . hór . . .

SALOMÉ

Mias ar a bhfuil cloigeann Eoin Fáidh.

HÉARÓID

Cloigeann Eoin, a chroí! Bíodh ciall agat.
    Bíodh ciall agat, a Salomé.
Ná héist le do mháthair. Tá nead de nathracha nimhe
    ina croí. Ná hiarr a leithéid.
Ná hiarr a leithéid orm, a Salomé, a stór.

HÉARÓIDIAS

Cloigeann Eoin atá uaithi, a Héaróid.
Thug tú d'fhocal.
An é go bhfuil tú ag cailleadh do chuimhne
chomh maith le do ríocht? . . .

SALOMÉ

Cloigeann Eoin atá uaim, a Héaróid.
Cloigeann Eoin ar mhias airgid.

HÉARÓID

Ní thig liom é a thabhairt duit i láthair na huaire.
    Ní thuigeann tú cúrsaí polaitíochta,
cúrsaí rialtais, a chroí. D'éireodh na Giúdaigh
    amach i mo choinne . . .

HÉARÓIDIAS

An bhfuil meas ar bith agat
ar mhóid . . . ar mhionn?

HÉARÓID

As mo radharc leat, a bhean gan náire.
    Ba mhaith leat mé a scrios.

SALOMÉ

Thug tú d'fhocal, a Héaróid.
An dtig brath ort, beag nó mór?

HÉARÓIDIAS

Tá tú mar shifín i mbéal na gaoithe
siar agus aniar gan seasmhacht.
Ní maith le Caesar ceannairí
a chailleann stiúir . . .

HÉARÓID

Bí thusa i do thost! Salomé! Iarr aon ní eile orm
    ach amháin an achainí sin.
Leath mo ríochta . . . bíodh sé agat agus fáilte.
    Déanfaidh mé banríon na Gailílí díot.
Beidh tú ar an bhanríon is áille ar chlár an domhain.
    Beidh ríthe ag teacht chugat
le hómós a thabhairt duit, le humhlú ag do chosa beaga
    banúla. Níl tú ag éisteacht liom . . .

SALOMÉ

Ceann Eoin atá uaim . . .

HÉARÓIDIAS

Thug tú d'fhocal, a Héaróid.

HÉARÓID

Iarr aon ní orm, a Salomé, ach amháin ceann Eoin.

Taitníonn an smaoineamh liom,
ach ní thig é a chur i gcrích i láthair na huaire.
Tá sé ródhainséarach,
róchóngarach don chnámh. Bheadh an tír ina tuile
dhearg fola . . . Dhéanfaí thiar de thoir.
Iarr an phearóid bhánbhuí orm, an phearóid a labhraíonn liom
      i Laidin agus i nGréigis;
agus a bhfuil dán de chuid Catullus de ghlanmheabhair aige;
      Iarr an leabhar draíochta . . .

SALOMÉ
Tá cloigeann Eoin uaim . . .

HÉARÓIDIAS
Tógann tú mo chroí, a Salomé.
Ní thig d'aigne a athrú.
Sin tréith a fuair tú ó do mháthair.
Seasmhacht! Seasmhacht, a Héaróid.

HÉARÓID
Bíodh do mhian agat, mar sin. Cuirfear an gníomh i gcrích.
      Ordaím go mbainfear an ceann
d'Eoin Fáidh. Ordaím an bás chuige láithreach . . .

Radharc 4
An Dícheannú

Tá Salomé ag caint le cloigeann Eoin. Tá an cloigeann á iompar aici.

SALOMÉ
Anois, a Eoin, cha dtig leat éaló.
Tá tú gafa, go deo, a ghiorria ghlic.
Tá tú gafa i ngaiste mo ghrá.
Ní chun an fhásaigh a rachas tú níos mó
ná chun an tsléibhe. Déan do leaba dhearg, a chroí,
anseo idir cnocáin mo chíche.
Tusa a dhiúltaigh Salomé, iníon Héaróidias,
banphrionsa na Gaililí,
tusa a ghoin í le claíomh faobhrach do theanga;
tusa a dhaor í go dún dorcha an dóláis.
Ach níl corraí ar bith ionat anois. Tá tú i do thost.
Chaill tú do cheann le grá domh;
bhrúcht do chuid fola as do chuid féitheacha
le méid do mhéine.
An ndéanfadh snaidhm seirce
na créachtaí seo a cheansú, a chroí?
Amharc orm, a Eoin, amharc orm, a mhian.
Lig do do shúile siúl ar mo chorp.
Lig daofa sásamh a bhaint as gach cuar agus gach cuas.

HÉARÓID
Dírigh d'aire ormsa, a Salomé.
Lig do do shúile tuirlingt orm;
do shúile atá chomh diamhair
le dhá cholmán sa chlapsholas.

SALOMÉ
Níl aon aird agam ortsa, a Héaróid.
Níl ionat ach sliogán folamh
a chaith mo mháthair i leataobh
i ndiaidh a raibh istigh ann a phiocadh.

HÉARÓIDIAS
Agus cha raibh mórán istigh ann
ach cé bith a bhí ann bhí sé lofa,
rud a d'fhág tinn mé ó shin.

Salomé ag caint le cloigeann Eoin.

SALOMÉ
Is tusa an fiagaí – an fireannach fiáin,
a dhéanfas fia na seirce a sheilg
i gcríocha iargúlta mo cholainne,
is a dhéanfas é a sháinniú sa deireadh
thíos anseo i ngleann diamhair an tsuaimhnis.

HÉARÓID
Tá d'iníon as a meabhair, a bhean.
Chuir sí an ruaig ar mo chuid aíonna
lena cuid uafáis.
Ní thaitneoidh sé le Caesar.

HÉARÓIDIAS
Tá deireadh le do réim, a Héaróid.

Salomé ag caint le cloigeann Eoin.

SALOMÉ
Tá bláthanna áirithe, bláthanna fiáine, a Eoin,
agus tá níos mó bolaidh astu, níos mó cumhrachta astu
nuair a bhrúitear iad faoi chois
ná mar a bhíonn astu nuair atá siad ag bláthú ar na bánta.
Agus tá tusa mar an gcéanna, a Eoin:
Tá cumhracht ag sileadh asat anois,
cumhracht a chuireann aoibhneas orm, a stór.

HÉARÓID
Cuir na soilse as. Tá barraíocht feicthe againn anocht.
Cuireann fuil as domh . . .

HÉARÓIDIAS
Mar nach bhfuil fuil ar bith ionat féin,
a fhir gan mhaith. Chan fhuil ag sní
i do chuislí ach uisce salach na soitheach.

Tá Salomé ag pógadh chloigeann fuilteach Eoin.

SALOMÉ
Phóg tú mé, a Eoin, phóg tú mé, a stór,
Glac seilbh orm anois.
Cluintear racán agus rí-rá taobh amuigh. Táthar ag ionsaí an pháláis.

Homecoming/An Bealach 'na Bhaile 1993

Tá mo Chéadsearc i Londain

Tá mo chéadsearc i Londain le bliain agus trí ráithe,
Ach focal beag ná scéala char sheol sé thar sáile.
Tá a sheoladh ar mo theangaidh is a ainm i mbéal mo chléibhe
Ach go gcuirfidh sé mo thuairisc cha bhíonn ach tost ó na sléibhte.

Inniu is mé ag siúl mar a dtéimis i gcónaí Dé Domhnaigh
Suas Malaidh na Míne is amach droim Loch an Ghainimh,
Bhí cuma bheag chaillte ar sheanbhailte bánaithe na gcnoc
Is ach oiread leo siúd, ó d'imigh tú uaim, níl gnaoi ar mo shaol.

I mo luí domh, i mo shuí domh, i mo sheasamh nó i mo shuan,
A bhuachaill an chinn chataigh, cuimhním ort go buan
Óir ba tusa an lámh ba shéimhe a leag méar orm ariamh
Is ó d'imigh tú, tá talamh méith m'aigne ag tiontú aríst ina shliabh.

Cion istigh a bheith agam duit is cion amuigh a d'fhág mise ar an
   bhfaraoir
Is tú anois i bhfad ó láimh is gan fonn ort bheith i mo ghaobhar;
Chan bris duit mo bhuairt is chan buaireamh duit mo phian
Is, mar bharr ar an donas, b'fhéidir gur cuma leat, a mhian.

Mar an ghealach sin a shleamhnaigh isteach fuinneog an dín
Is a ghoid codladh na hoíche uaim ó mo leabaidh shuain,
Aniar aduaidh a tháinig an grá orm, aniar aduaidh is isteach i mo chroí,
Is é a sciob uaim mo stuaim is a d'fhág folamh mé choíche.

Laoi Cumainn

Anocht agus tú sínte síos le mo thaobh
a chaoin mhic an cheana, do chorp
teann téagartha, aoibh na hóige ort,
  anseo tá mé sábháilte
cuachta go docht faoi scáth d'uchta:
sleánna cosanta do sciathán
  mo chrioslú go dlúth
óir is tusa mo laoch, an curadh caol cruaidh
a sheasann idir mé agus uaigneas tíoránta na hoíche.

Is tusa mo laoch, mo thréan is mo neart,
mo Chú na gCleas agus níl fhios agam i gceart
cé acu an luan laoich é seo
  atá ag teacht ó do chneas
nó gríos gréine. Ach is cuma. Tá mé buíoch as an teas,
as na dealraitheacha deasa ó do ghrua
  a ghealaíonn mo dhorchadas,
as an dóigh a ndéanann tú an t–uaigneas
a dhiongbháil domh le fíochmhaireacht do ghrá.

Anocht má tá cath le fearadh agat, a ghrá,
bíodh sé anseo i measc na bpiliúr:
Craith do sciath agus gread do shleá,
  beartaigh do chlaíomh
go beacht. Lig gáir churaidh as do bhráid.
Luífidh mé anseo ag baint sásamh súl
  as a bhfuil den fhear
ag bogadaí ionat, a dhúil, go ndéanfaidh tú do bhealach féin
a bhearnú chugam fríd pluid agus piliúr.

Agus is toil liom, a mhacaoimh óig
gur anseo ar léana mo leapa
a dhéanfá le barr feabhais
  do mhacghníomhartha macnais,

gurb anseo i ngleannta is i gcluanta
mo cholla, a thiocfá i dteann is i dtreise
is go mbeadh gach ball
do mo bhallaibh, ag síorthabhairt grá duit
ar feadh síoraíocht na hoíche seo.

Anocht chead ag an domhan ciorclú
leis na beo is leis na mairbh:
Anseo i dtearmann dlúth na bpóg
tá an saol ina stad:
Anseo i ndún daingean do bhaclainne
tá cúl ar chlaochlú. I bhfad uainn
mairgí móra an tsaoil:
na tíortha is na treabha a dhéanfadh cocstí
de cheithre creasa na cruinne lena gcuid cogaíochta.

Anocht, a mhacaoimh óig, bainimis fad saoil
as gach cogar, gach caoinamharc, gach cuimilt.
Amárach beidh muid gafa mar is gnáth
i gcasadh cinniúnach na beatha,
i gcealg is i gcluain na cinniúna.
Amárach díolfar fiacha na fola is na feola
ach anocht, a fhir óig álainn,
tá muid i gciorcal draíochta an ghrá.
Ní bhuafaidh codladh orainn ná crá.

Mise Charlie an Scibhí

Mise Charlie an scibhí,
lán éadóchais agus crá
ag caidreamh liom féin
ar mo lá *off* ón Óstán;
síos agus aníos Hyde Park
ar fán i measc scuainí
doicheallacha an Domhnaigh
is, a Raiftearaí, *fuck this for a lark.*

Ach ina dhiaidh sin agus uile
sáraíonn orthu mé a chloí
agus amanta i splanc díchéillí
lasann mo chroí le díograis
dhiabhalta dhomhínithe na hóige
agus tchíthear domh go bhfuil oifigí
urghránna na gcomhlachtaí gnó
chomh caoin le húrchnoic mo chuimhne.

Ach bíonn amanta ann fosta —
laethanta bó riabhaí na haigne
agus ní bhíonn ann ach go mbím
ábalta mo cheann a ardú
agus mo shúile a dhíriú
ar na hUafaisí. Tráthnónta geimhridh
agus an dorchadas ag teacht anuas orm
i gcruthaíocht *vacuum cleaner,*

'mo shú isteach go craosach
i bpoll guairneáin lagmhisnigh;
Agus sa tslí sin agus a leithéidí
téann snáithe mo shaoil
agus mo scéil in aimhréidh
i gcathair ghríobháin an tseachráin
agus ní bhíonn mo theangaidh

i ndán mé a thabhairt slán
ón Bhaol. Teangaidh bhocht an tsléibhe!
I gculaith ghlas caorach
an tseansaoil, tá sí chomh saonta
liom féin, i *slickness* na cathrach;
chomh hamscaí faoi na soilse seo
le damhsóir bróga tairní
i m*ballet* Rúiseach. Ach lá inteacht
tiocfaidh muid beirt, b'fhéidir,

Ar pheirspicíocht dár gcuid féin
a bhéarfas muinín dúinn
ár n-aghaidh a thabhairt go meanmnach
ar ár ndán; tráth a mbeidh
ár mbriathra ag teacht go hiomlán
lenár mbearta, is cuma cé chomh fada
agus a bheas muid ar fán
ónár ndomhan dúchais.

Féach anois mé is mo chúl
le balla i dTrafalgar Square,
ag dúil le bogstócach ón bhaile
atá amuigh ag déanamh aeir
mo dhálta féin, agus mura raibh
a dhath níos aeraí á bhíogadh,
sure, thig linn suí anseo, taobh
le taobh agus glúin le glúin, go ciúin,

ag éisteacht le colúir ár gcuimhní
ag cuachaireacht i gcomhthiúin.

D'Ainm

Dúirt tú liom agus tú ag imeacht
Gan d'ainm a lua níos mó . . .

Agus rinne mé mar a dúirt tú, a mhian,
Rinne mé é,
Cé go raibh sé dian agus ródhian,
Chuir mé d'ainm as m'aigne,
Sháigh mé síos é
I gcoirneál cúil na cuimhne.
Chuir mé i dtalamh é
I bhfad ó sholas na haithne . . .

Rinne mé mar a dúirt tú, a chroí,
Ach mar shíol,
Phéac d'ainmse sa dorchadas,
Phéac sé agus d'fhás sé
I dtalamh domasaí mo dhoichill
Go dtí gur shín a ghéaga
Aníos agus amach
Fríd bhlaosc mo chinn is mo chéille . . .

Dúirt tú liom agus tú ag imeacht
Gan d'ainm a lua níos mó . . .

Ach níl leoithne dá dtig
Nach gcluintear an crann seo ag sioscadh . . . Joe . . . Joe.

Is Glas na Cnoic

do William Desmond

Mar bhláth fosclaíonn an ghrian amach
os cionn na cathrach –
Tiúilip teicnidhaite an tSamhraidh –
Agus cé gur minic a chaill mé mo mhuinín
agus m'aisling anseo i mbéal na séibe
agus cé go mbím goiríneach
ó am go ham le h*acne* na haigne
inniu aoibhním agus tig luisne
na mochmhaidine amach ar mo dhreach.

Anois piocaim suas Mín an Leá agus Mayfair
ar an mhinicíocht
mhire mhíorúilteach amháin i m'aigne
sa *bhuzz* seo a mhothaím i mBerkley Square;
agus mé ag teacht orm féin le dearfacht
nár mhothaigh mé go dtí seo
mo *vibe* féin, mo rithim féin,
rithim bheo na beatha ag borradh agus ag *buzz*áil
i bhféitheacha mo bhriathra.

Mar thréad caorach á gcur chun an tsléibhe
tá an trácht ag méileach
go míshuimhneach ar na bóithre seo
ó Phark Lane go Piccadilly
agus sna ceithre hairde
tá na hoifigí . . . sléibhte glasliatha na cathrach
á ngrianú agus á n-aoibhniú féin
faoi sholas na Bealtaine:
Don chéad uair braithim sa bhaile i gcéin.

Lá de na Laethanta
do Lillis Ó Laoire

Is cuimhneach liom Domhnach fadó fadó. Domhnach síoraí samhraidh a bhí ann. Chuaigh mé ar thuras i ngluaisteán gorm. Turas chun an tsolais.

Cealaíodh am agus aimsir; clog agus caileandar. Bhí mé ag tiomáint sa tsíoraíocht. Dia a bhí ionam ar deoraíocht.

Bhí sé te. I bhfíordhuibheagán na bhflaitheas thum mé *sponge* mo shamhlaíochta is nuair a d'fháisc mé é ina dhiaidh sin filíocht a tháinig ag sileadh as. Filíocht a thug fliuchadh agus fuaradh.

Bhí an féar ag ceiliúr is ag ceol ar na crainn. Bhí na héanacha ag éirí glas sna cuibhrinn. Bhí na néalta ag méileach ar na bánta. Ní raibh oiread agus caora le feiceáil sa spéir.

Casadh sruthán orm a bhí ag fáil bháis leis an tart. Thosaigh mé ag caoineadh is tháinig sé chuige féin go tapaidh. Thóg mé cnoc beag a bhí ag siúl ar thaobh an bhealaigh. Dúirt sé go raibh sé ag déanamh cúrsa i dtarrtháil sléibhe. Is cuimhneach liom gur fhág sé a chaipín ceo ina dhiaidh sa charr.

Ach dúirt an ghaoth liom a casadh orm i mbarr an Ghleanna go raibh sí ag gabháil an treo sin níos déanaí is go dtabharfadh sí an caipín ceo arís chuige. An ghaoth bhocht. Tháinig mé uirthi go tobann. Bhí sí nocht. Ach chomh luath agus a chonaic sí mé tharraing sí an t-aer thart uirthi féin go cúthalach agus labhair sí liom go séimh.

Bhí siad uilig chomh cineálta céanna. Thug na clocha cuireadh domh suí ina gcuideachta is nuair a chiúnaigh siad thart orm go cainteach thuig mé cad is tost ann. D'éist mé le bláth beag bhí ag seinm *sonata* ar phianó a piotail, ceol a chuir aoibhneas ar mo shrón. Tharraing an loch mo phictúir.

Agus an lá, fear tí an tsolais, cuimhneoidh mé air go brách. Bhí sé chomh béasach dea-mhúinte agus é i mbun gnó; ag freastal is ag friotháladh ar mo chuid riachtanaisí. Níor dhruid sé na doirse is níor tharraing sé na dallóga go dtí gur dhúirt mé leis go raibh mé ag gabháil 'na bhaile. D'oibrigh sé uaireanta breise go díreach ar mhaithe liomsa.

Agus tháinig an oíche 'na bhaile i mo chuideachta, a corp slim sleamhain ag sioscadh i mo thimpeall; spéarthaí dubha a gúna ag caitheamh drithlí chugam. Mheall sí mé lena glórthaí.

Is cuimhneach liom Domhnach fadó fadó is cé go bhfuil luanscrios déanta air ó shin

Creidim i gcónaí sna míorúiltí.

Dathanna

Teastaíonn ó mo chuid dathanna dea-mhéin
agus teagmháil a chothú lena macasamhail féin –

I gcanúint ghlas shochmaidh
freagraíonn an féar
glas smaragóide mo gheansaí.

Tá donn ciabhach mo ghruaige
ag cur bhur dtuairisce,
a dhlaíoga fraoigh na Mucaise.

Ó bhláthanna an chrainn úll
titeann beannachtaí go binn
ar bhándearg mo chraicinn.

Tá an sceach gheal ag cogarnaí
le gile mo bhrístí. Tá aoibh aoldaite
ar an chlaí atá i m'aice.

Ar théada tinnealacha an cheatha
tig sreangscéalta seirce
chuig mo shúile ó ghorm na spéire.

Tá daol dubh ag déanamh spraoi
le duibhe mo bhuataisí. Scairteann
cnapán súiche leo ó chúl an tí –

Anois tá an t-aer ar bharr amháin creatha,
Mothaím tarraingteacha aisteacha i mo bheatha:

Á! I ngach ceann de na ceithre hairde
tá mo chuid dathanna ag déanamh cairde.

Na Buachaillí Bána 1996

A Chavafy, a Chroí

Cheiliúraigh tusa an grá seo i do dhánta
Gan scáth folaigh, gan eagla. Ar feadh blianta
Cheiliúraigh tú bogstócaigh do shamhlaíochta
I do chuid filíochta: buachaillí bána an cheana
Lena ngéaga téagartha is a mbeola maotha meala
Ag imirt a mbáire baoise ar léana do leapa
Go háthasach. Ach anseo i gCloich Cheann Fhaola
Agus an mbeifeá ag súil lena athrach–
Tá an Grá Gréagach mínáireach, mínádúrtha:
I nDuibhlinn, i nDroim na Tineadh, i Maigh Rátha
I gCaoldroim, i gCollchéim agus i mBaile an Átha
Níl ann ach ábhar magaidh agus masla.
Ach, a Chavafy, neartaigh, neartaigh m'fhocla!
Ná lig daofa imeacht ar fán
Ina gciflí ceo a chaillfear go deo
I ngleannta gaofara seo na gcnoc
Idir an tArd Ramhar agus an tÉadan Bán:
A Chavafy, buanaigh iad i mo dhán.

Geasa

Tráthnóna teann teaspaigh
a bhí ann i ndeireadh an earraigh
agus bruth na hóige i mo chuislí;
an sú ag éirí i ngach beo
agus bachlóga ag broidearnaigh
ar ghéaga na gcrann fearnóige
taobh liom. Mé ag amharc ina treo,
ag cúlchoimhéad uirthi go fáilí
fríd scoilt i gclaí an gharraí;
í tarnocht agus ar a sleasluí,
caite síos ar sheanchuilt bhuí;
faobhar na hóige ar a cuid cuar
agus í ag dúil na gréine le cíocras;
a cneas chomh glé . . .
                    le béal scine.

Mé easnamhach
ar an uaigneas
measc cloch

                    gan seasamh
                    san uaigneas
                    measc cloch.

M'easnamh mar mhiodóg
ag gabháil ionam go putóg
nó tuigeadh domh go hóg
agus go grod . . . gan ionam
ach buachaill ar a chéad bhod
nach ndéanfadh mealltacht mná
fíoch agus flosc na féithe
a ghríosadh ionam go bráth;
is nach síolrófaí de chlann
do mo leithéidse choíche
ach cibé clann bheag bhéarsaí

a shaolófaí domh san oíche
as broinn mhéith na béithe;
is ba mhór an crá croí domh
na geasa dubha draíochta
a leagadh orm go síoraí
as féith seo na filíochta.

Ach tráthnóna teann teaspaigh
a bhí ann agus bruth na hóige i mo chuislí;
ag breathnú uirthi, ag baint lán
mo dhá shúil, as a corp álainn, éadrocht,
chan ise a bhí romham sínte,
chan ise a bhí mo ghriogadh
ach bogstócach mo shamhlaíochta
agus é 'mo bheophianadh . . .
Ach b'fhada go gcasfaí orm é ina bheatha,
b'fhada go bhfaighinn sásamh
óna chneas álainn fionnbhán,
óna chumthacht tharnocht
ach amháin . . .
         i mo dhán . . .

I gcead do Chavafy: trí dhán

(i) *Sceitse*

Cinnte! Tá a chosúlacht anseo agam
ceapaithe go cruinn, sa líníocht bheag pinn seo
a bhfuil an dath ag síothlú as . . .

Sceitseáilte go tapaidh i gcóipleabhar scoile
maidin Domhnaigh i dtús an tsamhraidh
is muid ag trasnú go Toraigh ó ché Mhachaire Rabhartaigh.

Scéimh na gréine ag aoibhniú muir agus tír;
é 'na shuí le mo thaobh i ndeireadh an bháid,
aoibh an aingil ar a aghaidh óg álainn

Agus é ag féachaint anonn ar shléibhte Thír Chonaill,
glébhuí agus gléineach faoi sholas na bhflaitheas:
nach é a bhí gnaíúil? I bhfad Éireann níos gnaíúla-

-Anois is mé á thabhairt aríst chun mo chuimhne-
ná an aghaidh bhocht snoite seo ceapaithe sa sceitse,
anois is mé á thabhairt aríst-aríst as m'óige . . .

Stad! Tá an aois ina luí ar na rudaí seo ar fad
an stócach, an sceitse, an seanbhád . . .

(ii) *Rúnsearc*

Agus fiú mura dtig liom trácht ar an té atá le mo mhian,
mura dtig liom a chuid gruaige, a shúile, a bheola a lua i gcomhrá,
mura dtig liom a chuid áilleachtaí a chanadh os ard
faoi mar is dual don té atá i ngrá;
beidh a aghaidh, atá i dtaisce i mo chuimhne,
a ghuth atá ag cuisliú i mo chéadfaí

na tráthnónta fómhair úd, atá ag buíú i mo bhrionglóidí;
beidh siad anois agus i dtólamh
ag tabhairt blais agus bolaidh do mo bhriathra
is cuma cén smaointeamh a nochtaim, is cuma cén dán a chumaim.

(iii) *An Ghualainn Ghortaithe*

Ghortaigh sé é féin, a dúirt sé, ar pháirc na peile
ach bhéarfainn mionna go raibh fáth éigin eile
leis an chneá ina ghualainn, an brú dubh faoina shúil . . .
Nuair a thigeadh mearadh ar an athair chnagthaí eisean
dá mbíodh sé i láthair agus ruaigthí an mháthair as baile.

Agus é ina sheasamh ar a ladhra, ag síneadh ar leabhar
os a chionn ar an tseilf; leabhar fá Ghaoth Dobhair
ar chuir sé sonrú ann – bhí spéis aige sa stair –
ach leis an oibriú a bhí faoi scaoil sé an cóiriú
a bhí curtha ar an ghortú agus tháinig sileadh beag fola.

Rinne mé suas go húr é, ag glacadh m'ama leis an ghlanadh,
ag moilliú ar an chréacht, á cuimilt go cúramach le hungadh,
baineadh cnead nó dhó as ach d'fhan sé faoi mo lámh gan
bogadh.
B'aoibhinn liom a bheith ag friotháladh air, ag féachaint a
   cholainn
seang álainn, ag éisteacht le suaitheadh agus suaimhniú a anála.

Nuair a d'imigh sé, d'aimsigh mé os coinne na cathaoireach
cuid den tseanchóiriú, bratóg bheag fhuilteach;
ba chóir a chaitheamh sa tinidh láithreach:
ach d'fháisc mé le mo bheola é le dúil agus le grá
agus choinnigh ansin é ar feadh i bhfad; fuil an té a b'ansa liom thar
   chách . . .

fuil the a chroí ag deargadh mo bheola . . .

Gorm

Buachaill breá, b'álainn a ghné agus é i mbláth na hóige.

As Doire, bhí sé ar saoire carabháin ar thrá an Fhál Charraigh.

Chuaigh muid araon, lá amháin, ar siúlóid sléibhe go Loch na
    mBreac Beadaí;

Muid ag gleacaíocht lena chéile go pléisiúrtha agus ag déanamh
    spraoi

fá na túrtóga fraoigh agus fá na hísleáin siar ó Abhann Mhín
    an Mhadaidh.

Bhí a chraiceann grianghortha cumhra le mús na raideoige

an tráthnóna Domhnaigh úd i dtús na Lúnasa, más í Lúnasa a bhí ann
    i ndáiríre

is nach bhfuil siabhróga seachráin ag teacht ar mo ghéire.

Agus a shúile! Á dá bhféadfainn a dtabhairt aríst chun léire

i ndiaidh sé bliana agus fiche de dhíchuimhne agus de dhearmad;

ach a Dhia nach raibh mé fá fhad méire daofa agus muid spréite
    sa luachair.

Gorm a bhí siad, nach ea? Sea go deimhin! Gorm uisce fómhair
    faoi ghléaradh na spéire.

Ní léir domh go bhfaca mé a leithéid de ghoirme i nduine ó shin:

Locháin ina raibh éisc a mhéine le feiceáil ag léimtí le pléisiúr.

Oíche

Cha raibh ann ach seomra beag suarach
i gceann de lóistíní oíche Shráid Ghardiner;
coincleach ar na ballaí, na braillíní buí agus brocach;
gan le cluinstin ach ochlán fada olagónach
na cathrach agus rúscam raindí na gcat
ag déanamh raicit i mboscaí bruscair an chlóis;
ach ba chuma agus tusa, a rún na gile, sínte ar shlat
do dhroma, ar cholbha na leapa agus gan tuinte ort . . .

Agus tú ag dlúthú liom go docht, d'aoibhnigh do gháire
salachar an tseomra agus smúid oíche na sráide,
agus ansiúd ar sheanleabaidh lom na hainnise, bhí tú liom,
go huile agus go hiomlán, a ógánaigh chiúin an cheana.
Ansiúd ar an tseanleabaidh chruaidh, chnapánach úd
agus domboladh an allais ag éirí ón éadach tais,
bhlais mé do bhéilín ródheas, do bheola te teolaí,
a chuir an fhuil ar fiuchadh ionam le barr teaspaigh . . .

Bhí gach cead agam, an oíche adaí, ar do chaoinchorp caomh;
ar ghile cúr séidte do bhoilg; ar do bhaill bheatha
a ba chumhra ná úllaí fómhair a bheadh i dtaisce le ráithe;
ar mhaolchnocáin mhíne do mhásaí, ar bhoige liom go mór iad
faoi mo lámh, ná leithead d'éadaí sróil, a mbeadh tomhas
den tsíoda ina thiús . . . Anois agus mé 'mo luí
anseo liom féin i leabaidh léin an díomhaointis
tá mé ar tí pléascadh aríst le pléisiúr . . . le tocht

ag cuimhneamh ortsa, a ógánaigh álainn, deargnocht
a d'aoibhnigh an oíche domh . . . ocht mbliana déag ó shin, anocht.

Buachaill Bán

A bheith i ngrá le fear:
Sin scéal nach bhfuil na focla agam go fóill
lena insint, lena rá
amach os ard, sa dóigh nach mbeidh sé 'mo chrá.

Ba mhaith liom
teangaidh a thabhairt don tost seo
a thachtann mé;
a phlúchann mé achan lá.

Anseo, agus mé sa chisteanach cúil,
amantaí, tosaíonn timireachtaí an tí
ag éirí páistiúil, leanbaí,
ag scairtigh ar Mhamaí . . .
Amharcann an tábla orm go truacánta,
a aghaidh shleamhain smeartha le salachar.
Tosaíonn na soithí is na sciléidí
ag clabaireacht is ag slapaireacht sa sinc.
Bíonn an t-urlár ina chac . . .
a chuid brístí ar crochadh leis
is é ag sciorradh thart gan bhac.
Chan amháin go mbodharaíonn an citeal mé,
cuireann sé bior go beo ionam
nuair a thosaíonn sé ag cnagaireacht
amach go fuarchaointeach
a chruacheol miotalach.

Agus in antráth na hoíche
tig sé chugam lena ghrá,
lena mhian a fháil go lá, de shuáilcí m'óige.
Cuachann sé suas i m'ucht, brúnn isteach i mo theas.
Santaíonn sé an tseascaireacht
a éiríonn ina ghal ó mo chneas;
Agus sa tséimhíocht seo

cailleann sé a thoirt is a thoirtéis
agus mé ag dlúthú leis
i bhfeis leapa agus láimhe;
agus mé ag leathnú amach go míorúilteach
m'fharraige mhór tharraingteach
ag fáiltiú roimh an long seo
a thig i dtír i gcuan an tsuaimhnis
lena lód dóchais . . .

Mise anois an port, an caladh cosanta,
an leabaidh ancaire
a thugann dídean agus scáth –
an port ina dtéim féin as aithne
i bpoll duibheagáin
is nach dtuigim cén fáth.

Súil Solais

An nóinín úd sa chúlsráid
a ghealaigh chugam go croíúil
as scoilt bheag sa tsuimint
agus mé ag gabháil thar bráid

Cha raibh ann ach é féin
ar chiumhais an chosáin
ag beannú domh lena ghileacht
tráthnóna agus mé i gcéin

Thóg sé mo chroí
an tsúil solais úd
a chaoch orm go ceanúil
i gcathair na gcoimhthíoch

Tá an t-amharc sin taiscithe
i gcuideachta an chinn eile –
an chéaduair a las do shúilse
romham le grá ceana agus gile.

Fios

Dálta an damháin alla sa chlaí
ar dhearc muid air an lá úd
ag fí ghréasán a shaoil as a phutógaí,
tuigeadh domh anocht
agus mé ag éisteacht leat ag eachtraíocht
gur as do mhagairlí
a fhíonn tusa, a chroí,
gréasán do shaoil: do mhoráltacht.

Anghrá

Char nigh mé, char ghlac mé folcadh le dhá lá –
Tá cumhracht fholláin do chraicinn, a ghrá,
ag éirí ó mo chorp go fóill, ó mo lámha.

⚓

Mo dhá láimh ar chuar do thóna –
Os ár gcomhair, grian an tráthnóna
ag muirniú mhaolchnoic na Ceathrúna.

⚓

A chroí, d'imigh tú uaim ag deireadh an tsamhraidh . . .
ach i gcófra an éadaigh, dlúite suas le mo chuid féin
tá na brístí beaga a d'fhág tú i do dhiaidh i mo leabaidh . . .

Samhradh

Mar is gnách, deifríonn an mhaidin tharainn . . .
buachaill aerach agus an ghrian caite siar
thar a ghualainn aige chomh neafaiseach le liathróid trá.

Teas

Seilide: á tharraingt féin fríd an fhéar –
Rian glé glóthaí
ar bholg seang an stócaigh.

(i) Samhain 1976

Áit inteacht idir an Strand agus Soho Square
a casadh orm é, mé amuigh ag déanamh aeir.
A shúile suáilceacha, thuirling siad orm sa tsráid
chomh haerach le dhá fheileacán agus mé ag gabháil thar bráid.
Thug siad an samhradh leo isteach sa gheimhreadh.
Ansin i dtapú na súl bhí siad ar shiúl, slogtha sa tslua.
Mór an trua, thug mé cion daofa láithreach agus taitneamh.

Char casadh orm é ní ba mhó. D'imigh sé le haer an tsaoil.
Lig mé d'aisling an aoibhnis imeacht i mbéal na séibe
agus fios agam go bhféadfaimis bheith inár gcairde gaoil.
Ó shin tá cathú dochloíte orm i ndiaidh a scéimhe.
Cuartaím an aghaidh sin i ngach aghaidh dá ngráim;
an tsiúráilteacht shéimh sin i ngach súil dá ngrinnim
ach oíche ná lá níl a mheá le fáil is ní bheidh go brách . . .

                              Mar an té úd dob fhinne
dob áille gné, ba i naoi déag seachtó sé a casadh orm é;
agus 'sí a óige dhiaga, an lasadh ina ghrua, an snua ina ghéaga
a lorgaím, a shantaím go síoraí agus ní buan dá leithéidí
ach amháin i mo bhrionglóidí . . .

(ii) Samhain 1984

Ach ab é do shúil ghorm ghlé
Ní shoilseodh i nduibheagán na hoíche
      spéir an mheán lae.

Ach ab é do lámha beaga bláfara
Ní chorródh choíche ar mo ghéaga
      toradh chomh cumhra.

Ach ab é salann do chuid allais
Ní chuimleodh bog-ghaotha ón tsáile
le croí seo an dóláis.

Ach ab é fuiseoga do phóg
Ní neadódh i bhfiántas mo chléibhe
na suáilcí diaga.

(iii) Samhain 1994

Anocht agus mé ag meabhrú go mór fá mo chroí
Gan de sholas ag lasadh an tí ach fannsholas gríosaí
Smaointím airsean a dtug mé gean dó fadó agus gnaoi.

A Dhia, dá mba fharraige an dorchadas a bhí eadrainn
Dhéanfainn long den leabaidh seo anois agus threabhfainn
tonnta tréana na cumhaí anonn go cé a chléibhe . . .

Tá sé ar shiúl is cha philleann sé chugam go brách
Ach mar a bhuanaíonn an t-éan san ubh, an crann sa dearcán;
go lá a bhrátha, mairfidh i m'anamsa, gin dá ghrá.

Buachaill

Buachaill dea-chumtha –
A thóin teann leis an bhalla:
Méanar don bhalla.

Dealbh

Dealbh an tsaighdiúra óig –
Sa dorchadas, sleamhnaím mo lámha, síos,
síos thar a leasracha.

Uaigneas

Agus tonn teaspaigh ag rúscadh do cholainne
tchínn an bradán ag léimtigh ionat
agus fionnadh do bhrollaigh ag bogadaigh mar fheamainn.

Anois tá achan oíche níos faide ná a chéile,
níos uaigní, ach anuraidh agus bruth d'anála
ina ghála i mo chuid gruaige . . .

Maolú

Tá an ghealach ina suí os cionn na Beithí agus í
liathbhán agus leibideach, ag caitheamh míghnaoi
a gnúise ar thír tharnochta mo shamhlaíochta . . .

A chroí, nuair a thig maolú ar fhaobhair an phléisiúir
tá a mhaith tugtha, tá sé chomh mí-úsáideach
as sin amach le lann meirgeach rásúir . . .

Slán

Seanlitir stróicthe á léamh agam, aríst
agus aríst eile go dtéann sé ó sholas.
Tig loinnir gealaí isteach faoin doras.

A Mhianta m'Óige

Taraigí agus glacaigí seilbh orm, a mhianta m'óige.
Le bhur mbriathra míne cealgaigí mo cheann críonna, le ceol fuiseoige
bhur ndíograise, cuirigí meidhir mearaidh fá mo sheanchroí támh.
Taraigí nuair a dhúisíos cuimhní na colla
nuair a chuislíos griofadach teasa ar fud na fola
nuair atá gach ball de mo bhallaibh ag dúil le dáimh . . .

Taraigí chugam mura mbeadh ann ach cuairt reatha:
in uaigneas na hoíche nuair a chuimhníos cneas agus cnámh
ar shnaidhmeadh agus scaoileadh géag, ar bhoige mhaoth a bhéil . . .
Ansin, a mhianta m'óige, tabhair céad réime do mo chéadfaí.
Bíog agus beoigh gach féith! Griog agus gríos! D'aonlámh
cuimlímis smearadh seileoige as na baill bheatha . . .

Gort na gCnámh

d'Art Hughes

I

'Tá sé ag gabháil ó sholas, a ghirsigh,' a dúirt sé go gairgeach
ar ball
amhail is dá bhféadfainnse cúl a choinneáil ar dhlúthú
na hoíche.
A Dhia na Glóire, dá dtuigfeadh an dúlamán doicheallach
sin thall
leath dá ndeir sé! Ach bhí m'athair ariamh dúranta agus dall,
an beathach brúidiúil! Istigh anseo ionamsa, i m'anam is
i m'aigne, tá sé ag gabháil ó sholas
le mo chuimhne. Seo anois mé ag leanstan lorg a spáide de
choiscéim mhall
smug le mo shoc, scifleogach, ag piocadh preátaí faoi lom
na gaoithe
agus eisean ag briseadh chraiceann tiubh na hithreach ar nós
na réidhe
ag brú chun tosaigh go tíoránta, ag foscladh roimhe agus
ina dhiaidh.
Amuigh anseo ar an lom, gan foscadh ón ghaoth ná díon ón
fhearthainn,
ag giollaíocht an ghoirt seo, ag déanamh neamairt ionam
féin lena linn.
Is iomaí lá de mo chuid allais ag an áit ainniseach seo, á leasú
is á saibhriú;
is iomaí deoir ghoirt atá caointe anseo agam ach cha dtig
a thart a shásamh.

II

Anseo a chaill mé mo bhláth; anseo i nGort na gCnámh a
  cuireadh mo dhóchas
i dtalamh. 'Tá cnámh maith sa talamh seo,' a deireadh seisean
  i dtólamh
agus é ag spíonadh na créafóige go santach idir a mhéara
  crúbacha.
As sin a d'ainmnigh mise domasach dhubh dheileoir seo an
  dóláis
gan ionam ach *slip* bheag girsí. Gort na gCnámh! B'fhíor domh
  go beacht.
Thug mé a raibh agam dó, mo chuid fola is mo chuid feola,
  mo bhabaí bocht.
Anois tá mé creachta. Tá mínte méithe m'aigne imithe i
  bhfiántas agus i bhfiailí.
Tchítear domh agus mé ag féachaint orm féin go bhfuil mé
  chomh garbhghéagach,
chomh tuartha le cailleach ghiúise i bportaigh riabhacha
  an gheimhridh.
Agus anuas ar an mhíghnaoi seo go síor, de lá agus d'oíche,
  ina thromluí
tá dorchadas díobhálach an éadóchais ag titim gan trócaire,
  gan traochadh.
Dorchadas atá níos míle measa, níos míle dlúithe ná
  an dorchadas a dhruideas
chugainn le teacht na hoíche ina thulcaí tiubha ó lomchnoic
  dhubha na Ceathrúna.

III

Eisean a rinne an t-éagóir. Eisean a tháinig idir mé agus suan
  séimh na hoíche;
idir mé, b'fhéidir, agus coimirce Dé, cé gur réidh mo spéis
  sna déithe.

Cha raibh mé ach trí bliana déag nuair a réab sé geasa an
   teaghlaigh
is léim isteach i mo leabaidh. Oíche i dtús an earraigh a bhí ann, sé
   seachtainí
i ndiaidh bhás mo mháthara. (An créatúr gan choir, cha raibh sí
   in araíocht ag an tsaol
a leagadh amach dithe). 'Cuirfidh mise geall go ndéanfaidh mé
   an cailín Domhnaigh
a dhreasú asat, a chlaitseach gan úsáid', a deireadh sé léithe,
   ag ardú a láimhe
is á greadadh timpeall an tí. Eisean lena chuid ainíde a bhris a croí
is a d'fhág reaite, meaite, croite í sa chruth is nach raibh inti
   ach balbhán gan bhrí.
Créachta, mar dhea, a sciob chun na cille í sa deireadh is gan í
   ach anonn sna daichidí.
Ansin fágadh an péire againn i mbun an tí. Mise an t-aon
   toradh a bhí ar a bpósadh.)
Shleamhnaigh sé chugam faoi choim na hoíche is gan tuinte air.
   ''Dheaidí, 'Dheaidí, caidé atá tú 'dhéanamh?'
Stiall sé mo ghúna beag gorm glan ó mo chorp agus mé leath
   i mo chodladh.

IV

Ansin bhí sé 'mo mhullach, ag slóbairt is ag slogaireacht,
   ag cnágáil is ag cuachadh,
fionnadh fiáin a bhrollaigh i bhfostú i mo bhéal agus é sáite
   ionam, ag rúscadh
mo bhoilg, mo ghearradh is mo ghortú lena rúta righin
   reamhar go bhfuair sé a shásamh.
Amach leis ansin agus mise, gach scread chráite chaointe agam,
   caite i mo stolp ar an leabaidh
ag stánadh ar na réaltógaí is iad ag spréachadh mar choinnle
   coisricthe i dtigh tórraidh.
Agus thigeadh sé orm, chan amháin san oíche ach i lár an lae,

a bhod ag broidearnaigh ina bhrístí
agus mar a dhéanfá le sac preátaí, d'iompraíodh sé leis chun
   an sciobóil mé nó chun an bhóithigh.
Spréadh sé ansiúd sa raithneach mé faoi scáth an chlaí,
   agus anseo ar an lom i nGort na gCnámh
scaip sé a chuid síl i gcréafóg mo bhroinne. Bhí mé go hiomlán
   faoina lámh.
In aois mo sheacht mbliana déag bhí mé ag iompar linbh
   a gineadh go mallachtach;
m'athair an t-athair is cha ligfeadh an náire domh an scéal
   a sceitheadh.
Cha raibh fhios ag na comharsanaí nach ag titim chun méachain a
   bhí mé. Bhí
nádúr na feola ariamh i mbunadh mo mháthara agus cha dtearn
   mise iad ní b'eolaí.

V

Oíche i ndeireadh an fhómhair a bhí ann agus mé i mbéal
   beirthe;
anuas liom anseo le mo leanbh a shaolú, gan d'fháiltiú
   roimhe
ach stamhladh gaoithe ag séideadh ó chúl na
   Malacha Duibhe.
Anseo a rugadh mo bhabaí, gan de bhean ghlúine ach seanbhitseach
   mhadaidh
a ligh is a dhiúl mo chuid fola is a d'ailp siar salachar na breithe.
Agus na réaltóga ag dó is ag deargadh mar chocaí cocháin
   ar thinidh
i gconlaigh ghlas fhuar na spéire, rinne mise fómhar beag mo
   bhroinne
a mhúchadh le mo mhéara marfóra is dá mbeadh gan smid teanga
i mo cheann cha choinneofaí cúl ar an scread a fáisceadh
   asam i dtobainne
nuair a sháigh mé i bpoll é, san úir úrlom, anseo idir claí agus clasaidh.

Agus d'fhan mé anseo mar nach raibh mé ábalta m'aghaidh
  a thabhairt orm féin
chan amháin ar an tsaol. Cha raibh romham ach lom
  agus leatrom an léin,
ag síneadh chun na síoraíochta chomh slogthach le poill bháite
  an tSeascainn.

VI

Agus cá háit a rachainn, mise nach raibh níos faide ó bhaile
  ná Leitir Ceanainn.
Cha raibh sé de mhisneach nó d'acmhainn agam imeacht liom
  i mbéal mo chinn
is gan a dhath ar chúl mo láimhe. Ba chuma cá rachainn,
  bheinn i ngéibheann.
Bhí soilse mo shaoil curtha as is eochair an dóchais caillte
  sna dreasóga.
Anois tá cúig bliana fichead de bheith ar báiní le mearadh nó
  marbh le taomanna lagbhrí
curtha díom agam; cúig bliana fichead de bheith ag siabadh
  gan treoir nó sínte gan treo.
Cha dtáinig scafaire breá de chuid an tsléibhe ariamh le mé
  a bhréagadh
is char luaigheadh mé le fear cothrom céillí a dhéanfadh mé
  a shaoradh
ó láthair seo an áir. Ach bhagair mé eisean le mionnaí móra
  is le mallachtaí.
Bhagair mé scian na coise duibhe air a iompraím de lá
  agus d'oíche
is atá coinnithe i bhfaobhair agam le fuath is dá leagfadh
  sé lámh orm choíche
aríst, a dúirt mé leis go neamhbhalbh, chan imeodh
  sé lena bheo,
agus ó shin tá muid ag dorchú ar a chéile agus beidh
  go deireadh is go deo deo.

VII

Anois agus soilse beaga sochmhaidh na hoíche á lasadh i dtithe
    teaghlaigh
i bhFána Bhuí, ar an Cheathrúin, i gCaiseal na gCorr is beag
    nach mbriseann mo chroí
le cumhaidh; ach seo mé ag piocadh liom ó dhruil go druil, síos
    agus aníos go tostach
ag coinneáil m'airde ar rithim bhuile na spáide. Mothaím
    trom torrach
leis an tocht atá á iompar agam gach uile lá beo, tocht dorcha
    dochiallach
ag lorg urlabhra. Ba mhór an méadú misnigh domh dá
    bhféadfainn
an brú seo a gineadh i mbroinn m'aigne a ioncholnú
    i mbriathra, a thabhairt slán.
Ach nuair a fhosclaím mo bhéal lena shaolú, lena scaoileadh
    saor, i dtólamh
théid sé i bhfostú i mo sceadamán, stiúcann sé
    ar mo theangaidh,
agus cha saolaítear ach marbhghin gan mhothú agus théid sé
    i dtalamh
anseo idir claí agus clasaidh, gan de chloch cuimhne os a
    chionn lena chomóradh
ach grág préacháin nó gnúsachtach madaidh nó gíog
    ó spideoigín beag fán;
ach ó shaobh an chinniúint a súil orm sílim gurb é
    sin mo dhán . . .

Cré na Cuimhne

Agus ach ab é gur chan mé thú i mo dhán, a dhuine,
rachadh d'ainm i ndíchuimhne . . .

1

Amuigh ansiúd i mbéal an uaignis
ag leanstan lorg a shinsear go dílis;

Ag dreasú caorach, ag beathú eallaigh,
ag mairstean go dtiocfadh an bás.

Mar mhadadh ag cur car i gcaoirigh
is iomaí mairg a bhain an saol as

Ach bhí sé i dtólamh suáilceach, lán de chroí
'is beag ár sáith agus is gairid ár seal

Agus níl a dhath is deise ná gáire geal,'
a deireadh sé, mé i mo shuí ag baint taitnimh

As an eatramh ghréine a thigeadh ina aghaidh
idir ceathaideacha pislíneacha a chuid cainte;

Stothóg fionnaidh ag gobadh as a léinidh
chomh liath le broc ag gabháil i dtalamh;

Boladh nádúrtha a cholainne chomh teolaí
leis an easair úrluachra a leagadh sé gach lá

Ar urlár an bhóithigh. 'Tchí Dia, cha dtig leis na ba
ach oiread linn féin luí ar an leac liom.'

2.

Mar thréadaí, bhí aithne cinn aige ar na caoirigh
agus iad ainmnithe go cruinn aige as a dtréithe;

'Raimsce na Coise Duibhe, Peata Abhainn an Mhadaidh
Bradaí an Leicinn Bháin agus Smiogadán na hAitinne',

Ainmneacha a sciorr as altán a bhéil comh héadrom
le héanacha an tsléibhe ag éirí as dos agus tom.

'Ná bí lom leis na caoirigh is cha bhíonn na caoirigh
lom leat,' a deireadh sé liom i dtús an gheimhridh

Agus é ag tabhairt ithe na glaise daofa ar na híochtair
nuair a bhíodh an t-iníor feoite ar na huachtair.

3.

Bhí sé i gcónaí deaslámhach i mbun a ghnaithe, díreach
agus néata. Agus cocaí na gcomharsan cam agus ciotach

Shín a chuidsean i línte ordúla comh teann le dorú.
Bheartaigh sé a chuid cróigeán ar bhlár an chaoráin

Amhail is dá mba clár fichille a bhíothas a shocrú.
Bhí a charabhat Domhnaigh chomh righin le bata draighin.

Agus é ag tabhairt bheairdí air seo, bheairdí air siúd,
tharraingeodh sé go haicseanta as cruach na cuimhne

Scéalta chomh cumtha ceapaithe le sopóg chocháin;
Ó shin tá mé á muirliú is á n-athchognadh i m'aigne.

4.

Dálta na sreinge deilgní a bhí timpeall a gharraidh
bhí a chuid orthaí cosanta á chrioslú i gcónaí:

Bratóg Bhríde agus Créafóg Ghartáin fuaite i gcoim a bhrístí
lena chuid bheag den tsaol a chosaint go colgach

Ó bhaol agus ó bhradaíocht na dúchinniúna,
a dhéanfadh foghail, ach seans a fháil, ar cheapóg a bheatha.

Ach in ainneoin a dhíchill dhéanfaí slad air go tobann:
chaillfí bó leis i ndíog; d'fhágfaí é gan phingin, gan bonn

An t-am a dtáinig na tincléirí chun an tí is é ar Aifreann
agus d'imigh lena raibh ann. Le gaoth shéidfí a chuid stucaí as
cuibhreann

Isteach i gcuid na comharsan, fear nár bheannaigh dó le blianta.
Ach sháraigh sé gach lom, gach leatrom, lena gháire mór cineálta

A d'éirigh ar íor a shúl is a spréigh anuas go solasta
thar leargacha a leicne, á n-aoibhniú le gnaoi;

Agus nuair a d'fhiafróchainn dó caidé mar a bhí rudaí
deireadh sé, 'Buíochas le Dia, tá mé ag mún, ag cac is ag feadalaigh.'

5.

Má tháinig taom teaspaigh air ariamh
ina leabaidh aonair nó in uaigneas na gcuibhreann

A dhrúisigh an croí ina chliabh
is a rinne reithe geimhridh den fhear ann

Char chuala mé faoi. Bhí sé faiteach le mná
is chan úsáideadh sé an focal 'grá'

Go brách ach oiread is a chaithfeadh sé a lámha
thart ar fhear eile i mbráithreachas;

Is má shlíoc sé a dhath níos sochmaí
ná droim madaidh agus é ag bánaí leis cois teallaigh;

Is má chuaigh sé gabhalscartha ar a dhath níos boige
ná ceathrúna loma caorach agus iad á lomadh aige

Bheadh iontas orm. An síol a scaip sé lá dá shaol
chan ar ithir mhéith mná a thit sé

Ach ar dhomasach dubh an tsléibhe a dhiúl
sú na hóige as a chnámha gan a dhúil a shásamh . . .

                                    6.

'Tá mé anseo ag caitheamh an tsaoil
is an saol ár gcaitheamh is baol,'

A dúirt sé liom ar mo chuairt dheireanach;
stamhladh gaoithe ó Mhám an tSeantí

Ag tógáil luaithe ar fud na cisteanadh;
é rite as anáil, a chnámha ag scamhadh.

Lá béalcheathach amach san earrach
é sínte i gcónáir agus muid á fhaire;

É sínte amach chomh díreach le feag
i gculaith Dhomhnaigh is a ghnúis mar leanbh;

Dúirt bean dá ghaolta agus í á chaoineadh
'Bhí a bheo chomh díreach lena mharbh.'

7.

Féach anois mé ag sléachtadh anseo roimh leathanach
atá chomh bán leis an línéadach a leagadh sé amach

Do theacht an tsagairt agus ar an altóir bhocht thuatach seo
ceiliúraim le glóir an bhriathair a bheatha gan gleo

Is cé nach mbeidh béal feara Éireann á mhóradh go deo
i gcré seo na cuimhne coinneoidh mé glaine a mhéine beo.

An Lilí Bhándearg

Bhí gach ní nite ina nádúr féin
                    — Seán Ó Ríordáin

Siúlaim thart ar an tábla go mífhoighneach. Seasaim bomaite beag
    os coinne na fuinneoige
ag stánadh ar na crainn ghiúise ansiúd i nGarradh an Chuilinn
    ag croitheadh a gcinn
is ag luascadh a ngéaga i ngaoth bogbhinn ó ghualainn an tSoipeacháin.
    Ólaim bolgam tae.
Cuirim caiséad ar siúl, coinséartó cláirnéide de chuid Mozart, ceol
    lán de lúth agus de láthar.
Scuabaim an t-urlár, ním na soithí, tugaim spléachadh go tapaidh
    fríd fhoclóir an Duinnínigh;
Caithim seanleathanaigh leathscríofa isteach i dtinidh na cisteanadh
    agus mé an t-am ar fad
Ag cuartú na cuimhne, ag ransú na haigne, ag tóraíocht sa tsamhlaíocht,
    ag lorg briathra béal-líofa,
Focla a bheadh beacht, braiteach, beannaithe, briathra bithbheo
    a bhéarfadh brí agus beatha
do mo dhán, a dhéanfadh a shoiléiriú agus a thabhairt chun solais:
    tá an lilí mhór bhándearg
ansiúd sa tsoitheach chré, gan bogadh, ag breathnú go súilfhoscailte.

Caithim orm mo chóta. Deifrím amach go driopásach, casaim ar chlé
    ag Tobar na Coracha,
suas Bealach na Míne agus amach malaí chrochta Loch an Ghainimh
    go fíoruachtar na Malacha,
ach níl suí ná suaimhneas le fáil agam ó bhuaireamh seo na bhfocal.
    Pillim aríst ar an bhaile.
Tá an lilí san áit a raibh sí, suaimhneach, socair, seasta, séimh,
    tiontaithe i mo threo,
a ceann bláfar piotalach ag breathnú orm go ceanúil,
    ag beannú domh go stuama.

Stánann sí orm de shíor, gan an tsúil sin ariamh a chaochadh,
   gan amharc i leataobh;
súil ollmhór an cheana atá chomh tarraingteach, chomh lán de sholas
   le súil dhiamhair droichid.

An brú atá ormsa le mé féin a chur in iúl faoi scáth na bhfocal;
   níl aon ghá ag an lilí
lena leithéidí. Ní theastaíonn ealaín na bhfocal uaithi le hí féin
   a nochtadh, a chur in aithne.
Is leor léithe a bheith mar atá sí, socair, suaimhneach, seasta,
   ansiúd sa tsoitheach chré.
Í féin a deir sí agus deir sí sin go foirfe, lena crot, lena cineáltas
   lena cumhracht, lena ciúnas.
Má shiúlaim róchóngarach dithe cuirim ar crith í, ar tinneall.
   Mothú ar fad atá inti
agus í ag breathnú agus ag braistint, ag ceiliúradh na beatha
   le niamh dhearg a hanama.
An é go bhfuil mé gafa i gciorcal draíochta an bhlátha seo, go bhfuil
   ciapóga ag teacht orm?
Ní hé go dteastaíonn uaim a bheith i mo lilí, cé go mbeinn sásta
   leis an chinniúint sin
in cé bith ioncholnú eile atá i ndán domh sna saoltaí romham amach.
   Níl uaim i láthair na huaire
ach a bheith chomh mór i dtiúin le mo nádúr daonna is atá
   an lilí seo lena dúchas lilíoch.
Níl uaim ach a bheith chomh mór i mo dhuine agus atá an lilí
   ina lilí–an lilí bhándearg.

An Duibheagán

Maidin agus an solas ag síneadh isteach ón tsáile;
    amuigh ansiúd
tá an duibheagán ag drannadh le lucht snámha:
    iadsan atá sa tsiúl
ar bhóthar na trá, cé acu de choiscéim righin
    nó sínte chun reatha
baintear stad astu láithreach, baintear siar astu go léir
    nuair a thiontaíonn siad
coirnéal cheann na sráide. Rompu, faoi scáth na gcrann
    tá scaifte béalscaoilte
ag stánadh i dtreo na spéire ar an té atá ag brath léim
    a bháis is a bhasctha
a thabhairt ó spuaic ghrianghortha na hArdeaglaise.

Tá 'n duibheagán ag drannadh leis, an scaifte ar fad
    ag feitheamh leis.
Níl le déanamh aige ach an cinneadh, a sciatháin
    a leathnú, léim
a thabhairt, snámh sa ghaoth, imeacht i bhfeachtaí
    fiala an aeir
thar Alltar. Tá an lá caoin le cách, ceo teasa ag éirí
    ó dhíonta agus ó linnte,
borradh i ngach beo. Chan tráth báis é seo, mheasfá, ach
    a mhalairt, tráth fáis.
Stánann siad in airde, slua de choimhthígh agus de chairde,
    téad teann tuisceana
á dteannadh i bpáirtíocht na péine, á mbrú gan trócaire
    i mbuairt na díomuaine . . .
Tá siad ar fad ina n-aonaráin, lom lag ina láthair féin:
    Ag stánadh airsean
ansiúd ar an airdeacht, tá siad ag stánadh ar an duibheagán
    atá thíos iontu féin;

An duibheagán atá ag drannadh leo aníos as na híochtair
   go diabhlaí dúshlánach
is a gcur as a meabhair. Tá mearbhlán ag teacht ar an iomlán,
   gafa i ngad a gcinniúna,
níl i gcaint, i ngeáitsí, i ngnaithe reatha, i mbrealsúnacht
   bhocht a mbeatha
ach scáth cosanta agus gleo. Tá 'n duibheagán ag drannadh leo.
Tá sé ag dul as a chiall. É bainte dá threo, i marbhántacht
   mheathbheo an mheán lae.
I dtobainne tá cinneadh déanta dó. Ní beo leis a bheo níos mó,
   léimeann sé i ndiaidh a chinn,
léimeann sé as a chabhail chráite. Tá sé ag sciathánaíocht
   san aer, ag snámhthitim
chun a bháite idir an saol agus an tsíoraíocht. Tá na soilse
   ag athrú ag ceann a bhealaigh,
tá trácht ag brostú chun tosaigh, tá an beart déanta,
   bomaite na buile thart.
Ligtear racht faoisimh. Tá scamaill cheatha ag cruinniú
   os cionn na mara.
Thig leo tiontú aríst ar a mbeatha, ar thír na mbeo.
   Beidh achan rud ceart.
Tiocfaidh siad slán ach fanacht ar shiúl ón duibheagán.

An Garraíodóir

Ag garraíodóireacht
a bhí sé
inné.

ag giollaíocht
an chrainn bhig
i ngarradh na bé.

Chuir sé leas
le préamhacha
na feasa

agus taca
le stoc
na samhlaíochta.

Ghearr sé siar
an fás
fiáin foclach.

Réitigh sé
brainsí
na híomhaíochta.

Bhí sé faichilleach
le bachlóga
débhríocha.

Féach anois é
i bhfeighil
an fháschrainn,

ag feitheamh
is ag faire,

ag baint
deireadh dúile
d'éan beag
na bé.

a bhainfeadh
ceol as a
chrann.

Cathaoir Uillinne

Tá an chathaoir
i gcónaí
ar a cosa

Socair, sochmaidh,
socheansaithe

Ina seasamh linn
de shíor
gan sárú,

Ar a dícheall
ag tabhairt
sásaimh,

Amanta
ba mhaith léithe
suí síos,
a scíste
a dhéanamh,
na cosa a chrupadh
fúithi,
osna faoisimh a ligean
as adhmad cruaidh
a cnámh,
a huilleannacha
a thrasnú ar a chéile;
éisteacht le ceol na coille
ina cuimhne;
meabhrú ar an Dia-chrann
as ar foinseadh í.

Anois agus an cat
ag lí na gcos aici

mothaíonn sí
sú na coille
ag sní aríst ina cuislí;
an ghaoth
ag slíocadh a géag –
Ar crith,
is beag nach bpreabann sí as a seasamh
le pléisiúr.

Ach mar is dual
do shearbhónta maith
coinneoidh sí smacht
ar gach mian;
iompróidh sí ar aghaidh
go righin, géilliúil,
stuama, seasta,
srianta

Nó go dtite sí
as a seasamh
lá inteacht
an créatúr bocht –

an créatúr bocht adhmaideach.

Dréimire

Aréir agus é 'na luí ar a leabaidh
chonacthas dó i dtaibhreamh
go raibh sé ag dreapadh
suas céimeanna crochta
na síoraíochta chun na bhFlaitheas
ar thóir drithleog den tsolas –
aibhleog dhearg amháin
ó chraos tintrí na hEagna Síoraí
agus chonacthas dó go raibh aingle
ina mbuíonta lasánta mar choinnle
iad uilig ar dhealramh a chéile
deasaithe in éideadh bhán
ina seasamh ina éadan
go díbhirceach, díoltasach,
á choinneáil amach
ó theallach an tsolais;
chonacthas dó go raibh bruíon ann
agus bualadh, griosáil agus greadadh
sa chruth gur fágadh báite
ina chuid fola féin é sa deireadh
ag lí a chréachtaí
is ag géilleadh dá gCumhachtaí
agus é ag teitheadh lena bheo
scaoth sciathán á thionlacan
amharc amháin dá dtug sé ina dtreo
chonaic sé nach fuil a bhí ag sileadh leo
ach sobal soilseach, bán,
mar a bheadh an cúr a gheofá ar shruthán.

Ar maidin agus é ag amharc amach
ar an gharradh chonaic sé dréimire
ina seasamh le crann
agus ag sciathánaíocht os a chionn
dhá fheileacán déag;
Ar an talamh bhí Deora Dé
scaipithe sa drúcht.

Cleopatra
i gcead d'Anna Akhmatova

Phóg sí beola fuara Antoine agus é ansiúd ina chorpán sínte.
Ar a glúine, cromtha os comhair Augustus, chaoin sí uisce a cinn.
Tá a cuid searbhóntaí ag cothú ceilge. Tá an dorchadas ag dlúthú.
Faoi bhratach na Róimhe tá na buabhaill ag búirthí is chan fhuil siad binn.

Isteach leis an fhear dheireanach a dtiocfaidh meath air faoi sholas a scéimhe;
Scafaire fir, cróga go smior. I gcogar lagíseal, déarfaidh sé, 'A stór,
I do sclábhaí, siúlfaidh tú amárach, faoi shlabhraí, i gcaithréim Shaesair'.
Óna muineál álainn, cuartha mar an eala, cha dtig cor nó glór.

Amárach tiocfaidh siad faoi ghleo agus faoi neart lena clann a chuibhriú.
Tá réim s'aici thart agus a reacht. Níl le déanamh ach an fear seo a ghriogadh
glan as a mheabhair. Ansin an nathair nimhe a chuachadh lena cíoch chrón
go fuarchúiseach, agus ansin, soraidh slán a fhágáil agus í ag síothlú . . .

Ceannóga

Suíochán uaim go géar –
  Ach ní ruaigfead an seangán seo
    romham ar an stól.

⚓

Brothall mochmhaidine –
  Aoibh na gréine ar an chiúnas
    ansiúd idir a cíocha.

⚓

Ar chlog an tseanchaisleáin
  Go hard os cionn Bhrisighella, ceathrú . . .
    ceathrú chun na síoraíochta.

⚓

An caoradóir
  amharcann sé ar na cnoic
    fríd *binoculars.*

⚓

An fear is a mhadadh –
  baineann siad beirt taitneamh
    as crann atá ag sileadh.

Out in the Open 1997

Cainteoir Dúchais

Bhí sé *flat-out*, a dúirt sé
i gcaitheamh na maidine.
Rinne sé an t-árasán a *hoover*eáil,
na boscaí bruscair a *jeyes-fluide*áil,
an *loo* a *harpice*áil, an *bath* a *vime*áil.
Ansin rinne sé an t-urlár a *flash*áil
na fuinneoga a *windolene*áil
agus na leapacha a *eau-de-cologne*áil.

Bhí sé *shag*áilte, a dúirt sé,
ach ina dhiaidh sin agus uile
rachadh sé amach a *chruise*áil;
b'fhéidir, a dúirt sé, go mbuailfeadh sé
le boc inteacht
a mbeadh Gaeilge aige.

Ag Faire do Shuain

Ó, dá mba ar mo mhian a bheadh sé
    a bhuachaill na gréine
bheinnse ag taisteal anocht i gceithre
    críocha do cholainne;
tusa atá ag críochantacht liom
    go teolaí codlatach,
cuachta go caoin ar mhór-roinn na leapa
    i do ríocht rúnda.

Tá leithinis téagartha do choise ag síneadh
    uait amach, a dhianghrá,
thar chlár mara an urláir; i mo ghriogadh
    'mo mhealladh is mo chrá.
Ó, bhéarfainnse a bhfuil agam agus tuilleadh
    'bheith i mo bhradán sa tsnámh,
i mbéal abhna do bhéil, ag lí agus ag slíocadh
    carraigeacha déadgheal do cháir.

Sínte os mo chomhair, a rúin, i do thír
    dhiamhair thoirmiscthe,
santaím tú a thrasnú ó lochanna scuabacha do shúl
    go leargacha gréine do ghruanna;
ó mhachairí méithe d'uchta atá ar dhath
    buí-ómra na cruithneachta;
síos cabhsaí cúnga na rún go bun na dtrí gcríoch . . .
    ansiúd tá luibh íce mo shlánaithe.

Ó, ba mhaith liom mo shaol a thabhairt go héag
    ag dul i dtaithí ort, a ghrá,
ó cheann tíre do chinn go lomoileáin
    sceirdiúla do ladhra –
cé nach bhfuil tú ach beag baoideach, a mhian,
    is a chuid bheag den tsaol;
anocht agus tú spréite ar lorg do dhroma –
    tuigim dá bhfaighinn fadsaoil

nár leor é ná a leath le fios fíor a chur ortsa,
    do chríocha is do chineál –
cé nach bhfuil tú ach beag baoideach, a chroí,
    tá tú gan chríoch . . .
ach mairfidh do chumhracht chréúil i gcónaí
    i mo chuimhne, is beidh d'ainmse,
a bhuachaill na gréine, ag sní i mo chéadfaí
    mar a bheadh abhainn ann, ag éirí

        os a gcionn mar a bheadh sliabh ann . . .

Amhráin Bheaga

(i)

A ghéaga téagartha, a chaomhchorp déagóra –
taibhsíonn sé chugam agus mar dhiamant gloineadóra
gearrann splanc na cuimhne mo chruas

Ó bhaitheas go bonn anuas, agus cá bhfios nach raibh m'iarraidh
   ar fáil
dá bhfosclóinn mo bhéal, dá nochtóinn mo smaointe,
dá ligfinn mo rún leis agus é i mo dháil . . .

Ach anois níl le déanamh agam, a mhian mo chroí,
ach dallamullóg a chur orm féin i mo leabaidh shuain . . .
cha dtógann tú cian domh ach amháin i mo bhrionglóidí.

(ii)

Níl sé i ngrá liom agus ní bheidh go brách
an buachaillín bán nach mian leis ach mná.

Rachadh sé a luí liom agus dhéanfadh an gníomh
is d'éireodh ina dhiaidh sin faoi mar nár tharla ariamh.

Anocht tá fáinne fearthainne timpeall na gealaí:
ní shnaidhmfidh fáinne sinne go brách, a chroí . . .

Spliontair

Tá sé imithe, imithe go brách
tráth an aitis, tráth an tsuaircis,
nuair a bhí ár ngrá gléigeal –
criostal an aoibhnis
a niamhraigh ár mbeatha gach lá
is a chrithlonraigh le hiontais
i gcroílár ár ndorchadais.

Thaispeáin muid é don tsaol
go hoscailte neamheaglach;
seod criostail ár ngaoil,
mar sholas comharthaíochta
daofa siúd ar fud an phobail
a cheil go míshuaimhneach
an grá nach raibh ceadmhach.

Ach dúradh go tarcaisneach
go raibh ár gcaidreamh claonta,
nach raibh sé de réir reachta,
go raibh sé graosta scannalach
is ar an chriostal luachmhar, a stór,
caitheadh masla agus salachar;
Briseadh é ina smionagar.

Is tá na spliontair ag broidearnaigh
i mo chliabhsa ó shin;
Is i gcuisle na héigse, a stór,
seo iad anois ag déanamh angaidh . . .

Do Narayan Shrestha

(fear iompair a fuair bás in aois a scór bliain; Samhain 1996, Nepal)

Imíonn na daoine ach fanann na cnoic

Ó do bhaile beag sléibhe
i Solukhumbu
tháinig tú linne – Éireannaigh
ar thuras chun an fhásaigh –
le pingineacha a shaothrú
mar fhear iompair ualaigh
agus mar ghiolla cistine.

Is beag a shíl tú
agus muid ag fágáil Kathmandu –
aoibh an áthais
ar d'aghaidh óg álainn –
gur anseo i mbéal an uaignis
i bhfiántas sneachta
a bheadh fód do bháis.

Fágadh tú fuar fann folamh
ar laftán sneachta –
bláth bán an bháis ag liathadh
lí is dealramh d'áilleachta –
tusa a bhí i gcónaí lán de chroí
is a raibh gríos na gréine mar lí
an óir ag lasadh do ghnúise.

Anocht táthar ag faire do choirp
ar láthair seo an léin
chan ar mhaithe le d'anam,
a Narayan bhoicht, a dheartháirín mo chléibhe,
ach ar eagla go ndéanfadh
na hainmhithe allta

do chnámha a stróiceadh óna chéile
ar fud an tsléibhe.

Beidh cuimhne agam go brách
ar ghaethe gréine do gháire
ag éirí go lách
as na duibheagáin dúdhonna
i do shúile
agus tú ag tabhairt tae chugam
le teacht an lae.

Anois tá duibheagán dubh an bháis
ag drannadh idir mé agus tú –
mise ar bhruach an tsaoil
tusa ar bhruach na síoraíochta
agus gan bealach lena thrasnú
ach ar chlochán sliopach na bhfocal
ach na focla féin, faraor, anocht
táthar á mbriseadh i mo bhéal le tocht.

Dhéanfar do chorp a dhó is a dhúloscadh
amuigh anseo ar thaobh an tsléibhe
i dtalamh deoranta
i bhfad ó do ghaolta
agus ó phaidir a gcaointe.
Níl ar a gcumas
de bharr bochtanais is anáis, tú
a thabhairt 'na bhaile go Solukhumbu.

Dálta do bhunadh agus a mbunadh siúd
bhí seanchleachtadh agatsa
ó bhí tú baoideach óg
ar ualach a iompar –
ualach na bochtaineachta
ualach na hainnise
ualach na hiompartha –

ar a laghad, a Narayan dhil,
ní bheidh tú ag iompar
ualach na bhfód.

2

Déanann Shiva an scriosadóir
luaith de gach ní gan trua
le cead a thabhairt don Chruthú
toiseacht aríst as an nua.
Dhéanfar tú a ioncholnú
a dúirt tú i gcinniúint eile
ach ní fios domh do chruth
ná do chló i do bheoriocht úr,
cé acu an bpillfidh tú
chugainn mar luibh nó mar leanbh.

Is spéis liom dá bhrí sin
a Narayan, a chara na n-árann,
éisteacht go mion agus go cruinn
le scéalta reatha na gcrann –
le caidé atá na cuiteogaí
a rá leis na clocha . . .

Inniu tchím an talamh is an tsíoraíocht
ag teacht le chéile
ar bharr an tsléibhe
i mbarróg dhearg seo na maidine.
Tá gach tráithnín féir ag cantaireacht
is ag éirí mar thúis
i láthair an tsolais.
Inniu tá do chuid luaithe
a Narayan, a chroí,
ag canadh i mbéal na gaoithe . . .

Kathmandu

do Dermot Somers

Kathmandu is here to change you
not for you to change it

Ó, a Khathmandu, a strainséir dhuibh, a Sadhu fhiáin an tsléibhe,
bhuail mé leat aréir i mbeár buile na hoíche
    anois siúlann tú isteach i mo dhán
suíonn tú síos ag béile bocht seo an bhriathair
    le do chlapsholas cnocach
    a thiteann mar chleite;
le do chuid adharcanna rabhaidh a chuireann m'aigne ag *motor*áil
    i *rickshaw* na samhlaíochta;
le do chuid *rucksack*annaí atá ag cur thar maoil le haislingí;
    le do chuid siopaí a bhfuil súil na sainte acu
    ar mo sparán;
le do chuid madadh a choinníonn an oíche go síoraí ag tafann;
    le do chuid brionglóidí a bhíonn ag eitilt mar fháinleoga
    i spéarthaí do shúl;
le do chuid buachaillí áille a bhfuil an ghrian ag gealadh ina ngáire
    is a shiúlann gualainn ar ghualainn
    i mbarróg an cheana;
le díomhaointeas gnóitheach do chuid sráideacha;
    le do chuid mangairí béal líofa
    a labhraíonn liom i gcogar rúin;
le pianta breithe do chuid maidineacha maighdeanúla;
    le do chuid osnaí
    a ardaíonn tú mar shliabh;
le do gháire a fhosclaíonn romham mar ghleann;
    le do bhó a dhoirt bainne caoin a súl
    isteach i gcrúiscín mo chroí
    ar maidin;
le do chuid tráchta atá piachánach le haicíd na scamhóg;
    le do stuaim sóbráilte
    is le meisce magaidh do chuid margaíochta;

le cumhracht spíosraí do shamhlaíochta;
le dathanna niamhracha
do dhorchadais;
le do chuid Hippies a bhfuil a gcuid bláthanna seargtha i bhFreak Street;
le do chuid *trek*anna mistéireacha
a fhógraíonn tú go glórmhar i
Thamel mo dhóchais;
le do Stupa súilaibí i Swayambhu a dhearcann orm idir an dá shúil
le soineantacht súl leata an linbh;
le do fhreastalaí óg sa Phumpernical a leagann pancóg órshúlach
na gréine ar mo phláta am bricfeasta;
le do chuid sráideacha de Saris lasánta ag luascadh mar lilíocha
i mbog-ghaoth na tráchtála;
le do chuid sráideacha ar ar shiúil Bhúpi Sherchan
agus é ag iarraidh focla a chur
le fonn fiáin do mhianta;
le dúch do chuid dorchadais a thugann tú domh sa dóigh go dtig liom
scríobh faoin oíche
atá ag múchadh m'anama;
le cuislí uisce do cholainne – an Bishnumati agus an Bagmati
atá ramhar le salachar an tséarachais
is a thugann taomanna lagbhrí duit i dteas an mheán lae
agus brionglóidí buile
i marbhthráth na hoíche;
le líofacht do chuid siopaí leabhar a fhágann mé balbh;
le do chuid *cicadas* a chuireann tú a cheol
i ngéaga traochta mo cholainne
nuair a théim a chodladh;
le do chuid buachaillí bána a bhfuil dath na gaoithe is na gealaí
i lí seirce a ngnúiseanna
agus a bhfuil a bhfoltanna ar dhath na bhfraochóg is duibhe ar an tsliabh;
le do bhuachaillín aerach sa Tantric Bookshop
a chuimil mé go muirneach, modhúil, monabhrach
le leoithne glas a shúl;
le do chuid teampall a fhosclaíonn romham mar bhláthanna
an *rhododendron*;

Ó, a Khathmandu, a strainséir dhuibh, a Sadhu fhiáin an tsléibhe,
   tusa a luascann idir an Yak is an Yeti
   mar a luascaimse idir Yin agus Yang –
tóg chugat mé idir corp agus cleití,
   feistigh mé le clocha luachmhara
   do chuid ceoil;
lig do *phoinsiattas* an phaisiúin deargadh i mbáine mo leicinn;
   ardaigh mé chuig sléibhte do smaointe
atá cuachta ansiúd i gceann a chéile mar thréad caorach tráthnóna
   ag cogaint na cíorach go meabhrach;
tusa a bhfuil cleachtadh agat ar chaill,
   cuir mé faoi bhrí na nguí:
ná fág anseo mé chomh truacánta le litir ghrá a caitheadh i leataobh
   ar chosán na sráide . . .

Do Isaac Rosenberg

Le bánú an lae agus muid ag teacht ar ais
i ndiaidh a bheith ag suirí i mbéal an uaignis
d'éirigh na fuiseoga as poill agus prochóga Phrochlais

agus chuimhnigh mé ortsa, a Isaac Rosenberg,
cathshuaite i dtailte treascartha na Fraince, ag éisteacht
le ceol sítheach na bhfuiseog le teacht an lae

agus tú ag pilleadh ar do champa, thar chnámha créachta
do chairde, ruaithne reatha na bpléascán, creathánach,
ag deargadh an dorchadais ar pháirc an chatha.

Ag éisteacht le meidhir na bhfuiseog idir aer agus uisce
thaibhsigh do dhánta chugam thar thalamh eadrána na síoraíochta, líne
ar líne, stadach, scáfar mar shaighdiúirí ó bhéal an áir

agus bhain siad an gus asam lena gcuntas ar an uafás:
as duibheagán dubh na dtrinsí, as dóchas daortha na n-óg, as ár
agus anbhás, d'éirigh siad chugam as corrabhuais coinsiasa –

mise nach raibh ariamh sa bhearna bhaoil, nach dtug
ruathar marfach thar an mhullach isteach sa chreach,
nár fhulaing i dtreascairt dhian na fola;

nach bhfaca saighdiúirí óga mar bheadh sopóga ann, caite
i gcuibhrinn mhéithe an áir, boladh bréan an bháis
ag éirí ina phláigh ó bhláth feoite a n-óige;

nach raibh ar maos i nglár is i gclábar bhlár an chatha,
nár chaill mo mheabhair i bpléasc, nár mhothaigh an piléar
mar bheach thapaidh the ag diúl mhil fhiáin m'óige.

Ó, ná hagair orm é, a Isaac Rosenberg, d'ainm a lua,
mise atá díonaithe i mo dhánta i ndún seo na seirce
agus creach dhearg an chogaidh i gcroí na hEorpa go fóill.

Ach bhí mo chroí lasta le lúcháir agus caomhchruth álainn
mo leannáin le mo thaobh, gach géag, gach alt, gach rinn,
gach ball dena bhallaibh ó mhullach go talamh mo mhealladh,

sa chruth go gcreidim agus muid i mbaclainn a chéile
go bhfuil díon againn ar bhaol, go bhfuil an saol lán d'fhéile,
go bhfuil amhrán ár ngrá ina gheas ar gach aighneas.

Agus tá na fuiseoga ag rá an rud céanna liomsa a dúirt siad leatsa
sular cuireadh san aer tú, sular réabadh do chnámha –
Is fearr cumann agus ceol ná cogadh agus creach;

agus cé nach raibh mé ariamh i mbéal an chatha
agus cé nach bhfuil caite agam ach saol beag suarach, sábháilte,
ag daingniú mo choirnéil féin agus ag cúlú ó chúiseanna reatha;

ba mhaith liom a dhearbhú duitse, a fhile, a d'fhan go diongbháilte
i mbun d'fhocail, a labhair le lomchnámh na fírinne ó ár an chatha –
go bhfuil mise fosta ar thaobh an tsolais, fosta ar thaobh na beatha.

Ag Tnúth leis an tSolas 2000

Fís na hOíche

Sínte anseo ar m'adhairt shuain
    suaite ag buairt an tsaoil;
tig tusa chugam i bhfís, ag foluain,
    i m'eagna ar uair an bhaoil.

A rún na gile, a fhís na hoíche,
    a tchím i spéarthaí m'aigne;
cén réigiún glé i gcéin, a éinín,
    i gcríocha cúil na cloigne,

As a dtagaid, as a dtriallaid chugam,
    i mbarr amháin lasrach,
le mo spiorad a shuaimhniú, a aoibhniú,
    i ndíbhliú seo is cathrach?

I mbithchríoch mo chéille seinneann tú
    siansa séimh na sféar,
ionas go dtuirlingíonn siollaí orm
    ina nDeora Dé ón spéir.

Ina spré solais i mo shamhlaíocht
    spréann tú do sciatháin,
agus tig teangacha tineadh na feasa,
    asat, ag spreagadh mo dháin . . .

Thar fhíor na céille, sciorrann tú uaim,
    a éinín ghlé, a fhís na bhfíréan;
ach taispeáin tú féin, arís is arís, fiú
    mura mbeadh ann ach oiread áiméan.

Aistear

I gcaiseal corr cluanach
le mo chuimhne iata;
ach tá gach geafta amach
ar an bhomaite seo leata;
an séú Márta le bánú lae
míle naoi gcéad ochtú sé.

Ó dhún docht an réasúin
ar shiúl liom go haerach;
ag cumadh rannta rúin
chomh díchéillí le geocach.
Stiúraím osnaí is eacstaisí
le liriciúlacht lámhchleasaí.

Dún do bhéal, dún do shoiscéal.
Féach! Seo script úr na súil'
a fháiltíonn roimh mhistéirí, idéal
nach ndéanann dóigh den bharúil.
Tá an bás ina steillbheathaidh, ag suirí
leis an bheatha, iad beirt ag gáirí.

Tá gach ní inniu go síor
sa bhithchríoch, ag sní
ina shruth lasrach, ina chaor
shruthach, gach uile ní,
ag teacht agus ag imeacht
sa rince síoraí, san fheacht.

Faighim fios ar an ghrá
i gcomhluadar na gcrann.
Ag airneál na mbláth
tuigim teanga na reann.
Téim faoi chónaí i gcloch
atá ag snámh ar an loch.

Tá caonach na staire ar inné.
Sin thart agus fágtha i mo dhiaidh.
Tá mo spéis anois, a chroí,
i dtíreolas na dtodhchaí.
Anseo ar theallach an bhriathair
san uaigneas, i bhfad ó láthair,

Cuirim tinidh síos i mbéal
maidine, fadaím focla, lasaim scéal.

Do Felim Egan, ealaíontóir

Dumhach Trá

Tá sé ag siúl na gcladach gach lá,
    ag bailiú rún feasa agus diamhair
ó na híomhánna,
    a thig chuige ó bhéal na trá.

Tá sé amuigh ansiúd ag baint sásaimh
    as na reanna liatha, as na himeallchríocha,
atá ag síneadh
    idir an saol agus an tsíoraíocht.

Tá sé ag comhrá lena chairde i dteanga na céimseata;
    an líne dhíreach dhearfa a shiúlann leis sa tslí;
an ciorcal machnamhach, súilfhoscailte,
    an chearnóg a thugann cothrom na féinne do gach taobh.

Tá sé ag cur cóiriú ceoil ar dhathanna Dhumhach Trá;
    ag déanamh *aria* mallghluaiste den ghlas;
allegro con brio den ghorm;
    agus *rondo* mórchroíoch den bhuí.

Cnoc Fola

Anseo tá clagarnach claíomh
    le cluinstean
I ngaoth pholltach na Rinne
    ag tógáil bruíne.

Anseo tá blaoscanna cinn
    carnaithe
ina gclocha duirlinge
    i gcladaigh agus i gcuibhrinn.

Anseo tá fuil na gréine
    smeartha
ar bhéal an tráthnóna
    ó Thoraigh go Gabhla.

Anseo is doiligh d'ealaíontóir
    éaló
ó láthair an chatha, ó lorg an áir
    a tharla fadó.

Anseo scréachann cneá dhearg na staire
    as a canbhás.

Mian

Is é mian ár gcroí go dtarlóidh
     míorúiltí agus iontaisí;
go bhfosclóidh doirse diamhra
     ar dhúnta rúnda sí;
go mbainfear an brat den oíche
     a thig anuas ar an chroí;
go bhfeicfidh muid dath na gaoithe
     agus muid ag dul in ísle brí;
go dtógfaidh muid ár seolta go buan
     ar aigéan mór na scáil;
go seolfar muid isteach i gcuanta
     nach bhfuil fós ar léarscáil.

Trasnú

Ó, tá muid ag fí ár dtodhchaí as ár ndúchas;
ag Magee-áil ár mbréidín brocach buí,
ag Levi-áil ár mbrístí de chorda an rí,
Ó, tá muid ag fí ár dtodhchaí as ár ndúchas.

Tá muid ar strae
áit inteacht
idir Cath Chionn tSáile
agus an *Chinese takeaway.*
Tá snáithe ár scéil
in aimhréidh
idir Tuirne Mháire agus Fruit of the Loom.
Tá ár gcuid Gaeilge ag lobhadh
le *plaque* an Bhéarla,
cé go sruthlaímid ár dteanga gach lá
i dtobar an dúchais.
Tá ár mbolg thiar ar ár dtóin
i ngorta an éadóchais
is gan de chothú le fáil
lenár dtarrtháil
ach na slisíní seanchais
agus na grabhrógaí grinn
a thit
idir an Greim Gasta agus an Golden Grill.

Tá muid ag fí ár dtodhchaí as ár ndúchas;
ag Magee-áil ár mbréidín brocach buí,
ag Levi-áil ár mbrístí de chorda an rí,
Ó, tá muid ag fí ár dtodhchaí as ár ndúchas.

Tá muid leath-réamhstairiúil
agus leath-*postmodern intertext*úil.
Gheofá muid inniu
go tiubh sa tsiúl

ag buachailleacht *dinosours*
le Fionn Mac Cumhaill;
agus amárach thiocfá orainn
ag súgradh go searcúil
le Cáit Ní Queer;
nó teannta go teolaí
i gcluiche *strip poker*
le Méabha Chonnachta.
Amanta eile
i marbhthráth na hoíche
tchífeá muid ag *joyride*áil
ar luas na gaoithe,
ag Subaru-áil i Leitir Ceanainn
i gceann de chuid *chariots*
Chú Chulainn.

Tá muid ag fí ár dtodhchaí as ár ndúchas;
ag Magee-áil ár mbréidín brocach buí
ag Levi-áil ár mbrístí de chorda an rí
Ó, tá muid ag fí ár dtodhchaí as ár ndúchas.

Tá muid teach ceanntuíach
Agus bungaló *mod con*ach;
Tá muid seanbhean bhochtach
Agus Marilyn Monroeach;
Tá muid scadán gortach
agus *takeaway microwave*ach;
Tá muid seanscéal báiníneach
agus *scoop*scéal Sky-ach;
Tá muid turas an tobaireach
agus *rock 'n roll walkman*ach;
Tá muid dún daingeanach
agus *mobile home*ach;
Tá muid carr capallach
agus Vauxhall Cavalier-each;
Tá muid béadán baileach

agus *porn internet*ach;
Tá muid bairín breacach
agus *pina colada cheesecake*ach;
Tá muid rince seiteach
agus hócaí pócaí cairiócaíach.

Tá muid ag fí ár dtodhchaí as ár ndúchas;
ag Magee-áil ár mbréidín brocach buí,
ag Levi-áil ár mbrístí de chorda an rí,
Ó, tá muid ag fí ár dtodhchaí as ár ndúchas.

Amhrán

Ná tar le hiomlán na fírinne
nuair ba bhinne
i bhfad liom, a dhíograis,
léas beag sóláis.

Ná tar leis an lán mara
agus gan mé ach ag éileamh
cupán uisce as an tobar
le mo thart a shásamh.

Ná tar leis an spéir
le ré agus le réaltaí;
nuair nach dteastaíonn, a chroí,
ach fannsholas gríosaí.

Ach mar a thugann éan
braoiníní uisce ina chleití;
nó mar a thugann an ghaoth
gráinníní salainn ó chladaigh,

Tarsa chugam i gcónaí
le drithleog, le deoir.
Is leor liom an beagán
má thig sé ón chroí, a stór.

Amhrán ón Albáinis

Nuair a shiúlaim thar shiopa an phoitigéara
creathnaím mar chrann creathach sa ghaoth;
guím nach dtéann tú thar an tairseach úd, a chroí,
nach gá duit go brách cógais íce an phoitigéara . . .

Nuair a shiúlaim thar ospidéal na cathrach
baintear steang asam, mar shreang fidle a stoitheadh;
guím nach dtig tú anseo le goin nó le gortú,
guím nach é do dhán é a theacht thar an tairseach . . .

Nuair a shiúlaim thar otharcharr sa rás
tig laige orm ar eagla gur tusa atá istigh ann, a ghrá;
guím nach mbeidh ar an bhonnán sin go brách
bealach a ghearradh duit ó chruachás . . .

Nuair a shiúlaim thar reilig san oíche . . .

Ní shiúlaim thar reilig choíche!

Dá bhFaighinn Bás

Dá bhfaighinn bás ní chrothnóinn d'iontais na cruinne
ach tusa, a dhíograis, a chuid bheag den tsaol.
Ní fhágfainn i mo dhiaidh den bhithchríoch le crá
na haiféala, ach críocha ionúine do cholainne –
poblacht chré na féile; tír dhúchais an aoibhnis,
ina mairim ar bhainne milis do mhéine, ar mhil do scéimhe.

Dá bhfaighinn bás ní chuimhneoinn go deo ar cibé spré
de ghlóir-réim an tsaoil a shoilsigh i mo threo.
Ar ar chnuasaigh mé de chlú; ar ar chaith mé de shaol
na bhfuíoll; ar ar bronnadh orm d'éirim ón bhé; gach laom,
gach liú molta, dhearmadfainn, ionas nach gcuimhneoinn ar a dhath
ach oíche seo do shúl ag glinniúint romham le lán na ré de ghean.

Dá bhfaighinn bás ní chosnódh a dhath mé ar lom síoraí an fhásaigh
ach do ghrá, atá á chur agat i dtalamh, anseo i gcréafóg mo chroí.

Craos

D'ólfainn an bainne atá ag sileadh
as crúiscíní gléghlana do gháire.
D'íosfainn an breac donn atá ag snámh
i dtobar imrisc do shúile.

As plúr cruithneachta do chraicinn
dhéanfainn bonnóg aráin bháin.
As mealbhacán méith do mhásaí
réiteoinn milseog shamhraidh.

Dhéanfainn fleá i do chnámha, a chuid.
Bhainfinn mo dhúil as cíor mheala
do cheathrún, as úll súmhar do scornaí,
as milseacht uachtair do bhrollaigh.

Bí coimhéadach! Tig craos orm os comhair
ollmhaitheasaí do cholla, gach ailp colpa,
gach greim leise, gach slios féitheoige,
gach plaic pluice, gach giota goblaigh

de ghabhal, de ghualainn, de gheir géige.
Shlogfainn ó dhroim na talún tú, beo beathach.
Dhéanfainn béile maidine agus oíche asat
le méid mo dhúile ionat; bíonn ocrach craosach.

A Bhuachaill na Gréine

Bhí an siocán i ngreim ionam go beo,
meall péine i smior na gcnámh;
gur shín tusa do lámha solais i mo threo,
a bhuachaill na gréine, go sámh.

Le gaetha gréine do mhéara, scaoil tú, a mhian,
mo léine chrua, mo chrios docht.
Anois leánn tú leac oighir an léin le grian
do mhéine ionas go mbláthaím, nocht.

Agus géagaim chugat go craobhach, a dhíograis.
Dlúthaím i dtreo an tsolais.
Aibíonn póga, meas méith ar chraobhacha m'áthais
a ithimid, as béal a chéile, anois . . .

Aibiú

Le do gháire gléigeal aoil
cuireann tú leas
ar thalamh domasaí mo dhuaircis.
Le do lámha talmhaí
déanann tú giollaíocht
ar ghort mo chéadfaí.
Nuair a bhíonn tú faram,
a bhráthair gaoil,
bheir tú na garbhchríocha seo
atá istigh ionam
chun cineáil.
Faoi do chúram
tigim chun toraidh:
aibím.

Sa Chisteanach

Tá cluas éisteachta ar na cupáin;
iad cuachta ina chéile
    ar bhord na cisteanadh,
ina gcailleacha feasa, a gcluasa bioracha
ag éisteacht leis an fhéar ag fás
    sa Domhan Thoir.
Cha raibh mo chluasasa ariamh
chomh géar sin.

Cluinim na sceana istigh sa drár;
iad géar agus líofa
    ag caint as béal a chéile,
ag gearradh cainte, ag déanamh
ceap magaidh de bhoige spanóige,
    de chorcscriú piteogach.
Cha raibh faobhar mar sin
ar mo theangaidhse ariamh.

Tá cathaoireacha anseo is ansiúd;
a ndroim díreach,
    an áit faoina gcosa acu;
ag tabhairt sunc d'uillinn an údaráis
d'éadan boird, de bhéal dorais.
    Ceithre cosa acu faoi gach scéal.
Cha raibh mo sheasamhsa ariamh
chomh muiníneach sin.

Tá éad orm leis na potaí sa phrios;
iad dingthe isteach
    i dtóin a chéile go teolaí;
ag lí agus ag slíocadh, ag snaidhmeadh
agus ag scaoileadh, ag caitheamh tóna san aer
    le treán macnais is meidhir.
Cha raibh mo ghrása ariamh
chomh súgach sin.

Tá an preáta pinc corrthónach seo
ag tabhairt na súil' domh
    agus mé á sciúradh sa sinc.
Tá sé ag baint lán na súl asam, ag caochadh
orm go haerach, mo ghríosadh is mo ghriogadh,
    le searcfhéachaint a dhúile.
Cha raibh mo shúilese ariamh
chomh craosach sin.

Má fhanaim anseo i bhfad eile
ag plé le gréithre,
    imeoidh mo mhuinín is mo mhisneach.
Ag éisteacht le neacha sotalacha na cistine,
lena bhféinspéis theanntásach,
    titfidh mo chroí in ísle brí.
Dá bhrí sin cuirim teanga bróige ina tost
is tugaim m'aghaidh ar thóin an tí . . .

An Damhsa

Tá an damhsa ag sní
as mo chroí
Damhsaím soir
Damhsaím siar
Damhsaím damhsa
    Bhailc na Báistí.

Tá an damhsa ag sní
as mo chuislí
Damhsaím súgach
Damhsaím aerach
Damhsaím damhsa
    Phort na Céirsí.

Tá an damhsa ag sní
as mo chéadfaí
Damhsaím diaga
Damhsaím diabhalta
Damhsaím damhsa
    an tSéideáin Sí.

Cuirfidh mé eiteogaí
faoi do chroí
Coiscéim isteach
Coiscéim amach
Tógfaidh mé tú
    Idir Chorp agus Chleití.

⚓

Tá an damhsa i mo ghéaga
Damhsa fiáin na ndéaga
Damhsa Bhuile Shuibhne
thart ar thine Bhealtaine
   Damhsaím mo dhamhsa
   amuigh i gcúl éaga.

Tá Seachrán Charn tSiail
i mo chosa go diail
an Poc ar Buile 'mo ghríosú
mo Ghile Mear 'mo threorú
   agus Bríd Óg Ní Mháille
   ag luascadh liom go fial.

Luascaim ón tuar ceatha
Siúlaim ar uisce reatha
Déanaim damhsa na gealaí
leis an tslua sí
   Damhsaím damhsa
   an bháis is na beatha.

⚓

Damhsa an Chailín Ghaelaigh
ag damhsa i mBáidín Fheidhlimidh
Damhsa Bhean an Fhir Rua
ag suirí ar Shliabh Geal gCua

Damhsa na nGamhna Geala
thíos i lár an Ghleanna
Damhsa Thiarna Mhaigh Eo
lena Chraoibhín Aoibhinn Ó

Damhsa gallda, damhsa gaelach
Damhsa idir dhá cheann na himní
Damhsa diamhair, damhsa dorcha
Damhsa gan bhrí, damhsa na gealaí.

An Crann ag Caint

Is mise an crann a scriosfar,
a chuirfear ó bhláth, amárach, go brách.

Gearrfar mo mhaorgacht gan trócaire;
Fágfar mo ghéaga spréite
i salachar na sráide –
mo ghéaga téagartha.
Goidfear bláth bán mo gháire.

Scriosfar a bhfuil i dtaiscidh agam
i smior na gcuimhní;
mo chéad deora áthais; mo chéad duilleog dhóchais;
an chéad siolla ceoil a chuislígh i mo ghéaga;
an chéad earrach a chur culaith ghlas orm.

Na scéalta eachtraíochta a tháinig chugam
ó na héanacha; na neadracha a bhláthaigh
faoi chúram craobhach mo shúl;
na stoirmeacha a cheansaigh mé
i mboige mo bhaclainne;

Na páistí a luasc idir an saol agus an tsíoraíocht
i mo chraobhacha; na cogair rúin
a hinseadh domh faoi choim na hoíche;
an ghealach a ghléas mé i lása óir an fhómhair;
na haingle a thuirling orm sa tsneachta.

2

Le teangaidh bhéal-líofa na nduilleog
chosain mé go seasta, colgach,
an spás seo ina mbeathaím;
ina gcraobhscaoilim go machnamhach
na smaointe glasa a thig chugam san earrach.

Le síolta dea-mhéine, chlúdaigh mé
an spás talmhaí seo i mo thimpeall le dearfacht,
mar cheiliúradh ar an spiorad coille
a d'adhmadaigh istigh ionam go teann
agus mé ag teacht i gcrann.

Agus amárach nuair a dhófar mé,
nuair a dhéanfar toit de mo chnámha,
aontóidh mé leis an spéir, an spéir thintrí!
a líon mo shamhlaíocht ó dhubh go dubh
le niamhaireacht, le solas!

An Fear Glas

As na cúlchríocha tig tú chugainn ar dhroim na gaoithe;
géagscaoilte, garbhánta, boladh an aiteannaigh ar ghlasghála
d'anála; úsc an chaoráin ar fhód glas do theanga;
ealta éan ag ceiliúr i nduilliúr ciabhach do chúil.
Tig tú ag spreagadh an tsíl, ag cur síneadh i rútaí,
ag gríosadh lí na gréine i ngnúis liath an Aibreáin.

Tá scamaill i bhfostú i do ghéaga agus éanacha beaga
na spéire ag neadú i bhfraoch do chléibhe, i bhfál do ghabhail.
Sciúraíonn tú an mhaidin le garbhshíon na gcuach,
sa chruth go gcuirtear luisne úr i luibh is i lus, i dtom is i sceach.
Nuair a bhaineann tú searradh as do chnámha earraigh,
cluintear méileach sna cuibhrinn agus cuacha sna crainn.

I mínte an tsléibhe, téann solas do shúl i bhfód ionainn.
Tig bachlóga ar ár ndóchas.

Claochló

Tá mé ag ullmhú le bheith i mo chrann
agus chan de bharr go bhfuil dia ar bith
'mo sheilg gan trua; é sa tóir orm go teann;
mé ag éalú óna chaithréim spéire, mo chroí ag rith
ina sceith sceoine roimh bhuile a dhúile.

D'aonghnó tiocfaidh claochló aoibhinn ar mo chló.
As mo cholainn daonna dhéanfar stoc darach.
Tiontóidh craiceann ina choirt chranrach; gan stró
athróidh an sruth fola ina shú, an gheir ina smúsach.
Fásfaidh duilleoga ar mo ghéaga cnámhacha.

Cheana féin tá mo chuid ladhra ag síneadh,
ag géagú amach ina bpréamhacha féitheogacha
ag buanú sa chréafóg; ag taisceadh is ag teannadh.
Mothaím mé féin ag imeacht le craobhacha
nuair a shéideann bogleoithne fríd mo ghéaga.

Inniu chan ag análú atá mé ach ag siosarnach
agus mé i mo sheasamh caoldíreach gan bogadh;
éanacha na spéire ag ceiliúr ionam go haerach.
As an tsolas diamhair seo atá mo spreagadh
go dil, cruthóidh mé clóraifil, mo ghlasdán.

I nGairdín Ghleann Bheithe
do Sheán Ó Gaoithín

Anseo tá na garraíodóirí ag obair go dian
i ndomasach an tsléibhe;
ag tochailt agus ag tacú,
ag saothrú go rithimiúil sa ghrian,
ag coinneáil súil ar a bhfuil ag aibiú,
ag feo, ag giollaíocht ar aon rian
is cosúil, leis an ghairdín
a choinneáil ag bláthú.

Ach níl ainmneacha na mbláth agam, faraor,
ná teangaidh don aoibhneas datha seo;
mise a chuireann an oiread sin béime
ar nithe a ainmniú go beacht,
tá mé balbh i láthair
na bláfaireachta seo go léir
a niamhraíonn chugam
ón chréafóg agus ón fhéar.

Agus seo mé go tuatach, ag tochailt
in ithir dhomasaí na teanga;
ag scaipeadh siollaí mar shíolta
in iomairí na filíochta;
ag súil go dtiocfaidh bláth orthu
ar ghas an bhriathair –
ionas go mbeidh fhios agam go beacht
lá inteacht, amach anseo,
a n-ainm, a n-aicme is a n-éagsúlacht.

Tráthnóna Samhna

i gcead do Jerzy Harasymowicz

Tráthnóna Samhna idir dall agus dorchadas agus an ghrian ag
gabháil as ar chúl na Malacha, chífeá ba riabhacha na bpianónna ag innilt
sa chaorán ó Phrochlais go hAltán. Iad salach cáidheach, ag spágáil i
gclábar agus i gcuiscreach, i gcuideachta na bhfroganna.

I dtost bog an bhogaigh, chluinfeá géim úscach a gcuid geantraí,
nó uaireanta, siúl spadach a gcuid siansaí. Corruair chluinfeá plobarsach
bogchaointeach a gcuid goltraí. Agus bhéarfá mionna go raibh a gcuid
coinseartónna ag déanamh bainne géar den aer.

Amanta eile, chífeá iad ag géarú a gcluasa, ag éisteacht faoi
dhraíocht, le snagcheol na bhfroganna; cársán ceolmhar, cumtha gan
ullmhú, i bpoll brocach portaigh, ag Abhainn Mhín an Mhadaidh.
Rapsóidí i ngorm glórach; *rif*eanna piachánacha, ar dhord garbh a
ngutha; foinn fhiáine na bhfroganna, a chuir drithlíní áthais ag cuisliú i
mba riabhacha na bpianónna, ionas go raibh siad láithreach ag déanamh
útha.

Ba mhór an ócáid scannail é, i ndáiríre píre, i ndiaidh na saoire
úd, nuair a luíodar síos go dúshlánach, dalba, i halla ceolchoirme agus
d'fhéach go fuarchúiseach, ar cheannabháin an lucht éisteachta, ag
croitheadh a gcinn le halltacht; ar amscaíocht na gceoltóirí, ag crágáil ar
mhéarchlár a gcuid úthanna; ar rírá na ngiollaí, ag iarraidh a gcnagadh
chun ceoil, ag iarraidh an bhó a dhreasú astu . . .

An Bealach nach bhFilleann

Ansiúd níl carn ná comhartha
ná cloch mhíle ar an bhealach
le treoir a thabhairt duit
ag gabháil isteach san fhásach.

Bealach lom an uaignis:
siúlfaidh tú é
i d'aonar, sa dorchadas;
gan solas ó réalt nó ó ré,
gan i ndán duit
ach fán fada agus seachrán . . .

Agus ní thógfaidh tusa carn
ná comhartha don té
atá ag teacht i do dhiaidh, a bhráthair,
agus clúdóidh séideán gaoithe
rian do choise
ar an lom agus ar an láthair . . .

An tEargal

Agus tú sna blianta deireanacha
cromadh agus liathadh na haoise ag teacht ar do chorp,
ghlac an tEargal seilbh ort.

Spréigh sé a ghéaga beannacha
thart ort go teann. Ar ard a dhroma, thógadh sé
leis chun na spéire tú, uair sa ré.

Líon sé do shúile, do shamhlaíocht,
lena liathacht, lena láidreacht, lena loinne.
D'fhág sé d'inchinn i nglas binne.

D'fhás féasóg fraoigh ar leargacha
do leicinn, scraith ar do shúile, crotal liathbhán
ar bhinn do chinn ó bhun go héadan.

Tráthnónta agus an ghrian ag gabháil faoi
luíodh an solas ort go sochmaidh, ag baint gealáin
as grianchloch do ghruaidhe, as eibhear d'éadain.

D'éirigh do bhriathra géar agus spíceach;
clocha scilligh a sciorr anuas achan lá le fánaidh
ó mhalaidh crochta do theangaidh,

Diaidh ar ndiaidh, chrioslaigh sé tú
lena dhúnáras rúnda, lena dhúchas dúr, lena mhúr draíochta.
D'ordaigh sé leis tú chun na síoraíochta.

Nuair a amharcaim ar an tsliabh anois
stánann tusa orm go síoraí ó gach starrán, ó gach ball.
Tá seilbh glactha agat ar an Eargal.

Siúl Samhna

An é a tharlaigh
agus mé ag siúl an tsléibhe
go déanach tráthnóna
faoi mharbhsholas na Samhna,
go dtáinig seachrán céille
orm i mbéal an uaignis
sna tulacha corra
siar ó Phrochlais;

gur chor mé i leataobh
ar fhóidín mearaí
idir Abhainn Mhín an Mhadaidh
agus Loch na mBreac Beadaí
is go ndeachaigh mé
ar strae is baol
ón aimsir láithreach
siar isteach, caol

díreach i ré éigin eile
a bhí i réim tráth den tsaol.
Níl a fhios agam arbh fhíor
ach go bhfacas le mo shúil
athrú ag teacht ar an tír.
Anois bhí coillidh thaibhseach
ar shleasa na Beithí
is ag Abhainn Mhín an Mhadaidh,

bhí torc allta agus faolchú
ag gnúsacht lena chéile,
is síos uathu, fia beannach
ag trasnú na scairbhe
go malluaibhreach, tapógach;
is ar bhlár an chaoráin
in Altán; i bhfearann fraoigh
a bhí fuar agus folamh

go nuige seo; thaibhsigh
chugam go beo as an talamh
neacha daonna nach maireann
ach amháin ar theorainneacha
an tsaoil eile; áit inteacht
idir an saol seo is an tsíoraíocht.
Ach níl a fhios agam go beacht
cárbh as a dteacht.

Níl a fhios agam ach gur treibh
iad a bhí tiubhchraicneach,
géagláidir agus lomghnúiseach;
gléasta i seithí garbha ainmhí;
stothall fhiáin ina chlibíní
catacha ag sileadh le gach
cloigeann. Iad ag strácáil
na gcnocán cadránta

go stobarnta, le céachtaí
ársa agus le cliatha fuirste;
iad ag míntíriú an tsléibhe
ina mbuíonta bruíne; ag iompar
cléibhe in éadan na gaoithe;
ag saothrú go dúthrachtach
i gcuibhrinn an dúna
mar a raibh cosaint acu

go diongbháilte daingean
ar a seilbh is a mbeatha;
is chuala mé a nglór olagónach
ag teacht ar an ghaoth
a bhí ag géarú chugam
Ó Mhám an tSeantí;
bristeacha borba caointeacha
nárbh eol dom a mbrí

ach gur teangaidh í
a bhris mo chroí.
Ansin le luí na gréine
is an solas ag gabháil
i dtalamh sna clocha
tháinig scread péine
ó bhuachaill beag bratógach
ar bhruach na locha,

a dhearc idir spéir is léas mé
'mo sheasamh sa gheamhsholas
gléasta go glé gairéideach
is scanraigh an croí as
neach chomh diamhair
a bheith ag teacht ina láthair
is bhéic sé in ard a chinn
ag féachaint orm ar an bhinn

is de réir mar a chuaigh
a scread péine i ndéine
chuaigh an radharc i ndoiléire
ionas gur cailleadh é sa deireadh
i dtulchaí tiubha ceo
ó dhomhan na mbeo
agus sa tost; tar éis don taispeánadh
dul ar ceal, mhothaigh mé,

i dtobainne, an scread chéanna
ag teacht asam féin, ag éirí
go léanmhar i bpéin
as duibheagáin clochaoise mo chuimhne;
is níl a fhios agam i gceart
cé acu chun deiridh a bhí mé
ag féachaint, ar ré éigin i gcéin,
nó chun tosaigh ar a bhfuil le theacht.

An é a tharlaigh
agus mé ag siúl an tsléibhe
go déanach tráthnóna
go dtáinig seachrán céille orm
idir Abhainn Mhín an Mhadaidh
agus Loch na mBreac Beadaí
agus gur shiúl mé isteach
ionam féin go cinniúnach . . .

Altú

Tugaim altú do na creatha fuachta a mhothaím
   i mo chuid néalta;
agus don bhabhta slaghdáin atá ag tosú
   i mo chuid sruthán.

Tugaim altú don lá atá ag gabháil chun gaoithe
   i mo phutógaí;
agus don oíche atá ag dorchú chun báistí
   i mo dhuáin.

Tugaim altú don mhaidin a thig ina iomann solais
   fríd fhuinneog m'aigne;
agus don dorchadas a thógann chun na síoraíochta mé
   i spásárthach an chodlata.

Tugaim altú don tsamhradh atá ag bláthú ar na bánta
   i mínte mo chéadfaí;
agus don loime a thig ar phortaigh riabhacha an gheimhridh
   i gcnoic mo chéille.

Tugaim altú don spás a cruthaíodh ionas go líonfaí é
   le beatha agus le bás;
agus don tsamhlaíocht a bheir seans domh fiántas na síoraíochta
   a mhíntíriú is a dhaonnú.

Tugaim altú don éan beag atá ag neadú sna sceacha
   in áiméan;
agus don script úr atá ag briathrú chun beatha
   as scrioptúr.

Tugaim altú don ardú misnigh a mhothaím go síoraí
   i mo ghéaga darach;
agus do na rúin feasa a thig chugam ó na rútaí
   i ndomasach mo choirp.

Tugaim altú do na cnoic a ardaím gach lá
le hosna na díomá;
agus a ndéanaim machaire mín daofa ina dhiaidh sin
le gáire beag réidh.

Tugaim altú do na réaltógaí i mo smaointe
atá ag spréachadh i bhfocla;
agus don chruinne i mo chloigeann
atá ag fairsingiú i bhfilíocht.